別冊　問題

大学入試

全レベル問題集
漢文

2

共通テストレベル

Obunsha

目次

1 『揅経室集《けんけいしつしゅう》』

◆清の学者・政治家阮元《げんげん》は、都にいたとき屋敷を借りて住んでいた。その屋敷には小さいながらも花木の生い茂る庭園があり、門外の喧噪《けんそう》から隔てられた別天地となっていた。以下は、阮元がこの庭園での出来事について、嘉慶《かけい》十八年（一八一三）に詠じた【詩】とその【序文】である。これを読んで、後の問い（問1〜7）に答えよ。なお、設問の都合で返り点・送り仮名・本文を省いたところがある。（配点 50）

【序文】

余旧《もと》蔵スル二董《とう》（注1）思《し》翁《をう》ノ自ラ書セシレ詩ヲ扇ヲ一、有リ二「名園」「蝶《てふ》夢《む》」之句一。

辛《しん》（注2）未《び》ノ秋、有リ三異蝶ノ来タル二園中ニ一。Ⅰ識者知リテ為シ二太常仙蝶ト一、呼ベバレ

之ヲ落ツレ扇ニ。継イデ而（ア）復見ル二之ヲ於瓜《くわ》（注3）爾《じ》佳《か》氏ノ園中ニ一。A客有呼

本冊（解答・解説）
p.12

之入匣奉帰余園者、及ベバ二至リテレ園ニ啓《ひら》クニレ之ヲ、則チ空《くう》(注4)匣《かふ》也。壬《じん》(注5)申《しん》ノ春、蝶復見《あらは》ル二於余ノ園ノ台上ニ一。画者祝《いの》リテ曰ハクB「苟近レ我、我当レ図レ之。」蝶落チ二其ノ袖ニ一、(イ)審視ルコト良《やや》久シクシテ、(ウ)得二其ノ形色ヲ一、乃チ従《しよう》(注6)容《よう》トシテ鼓《う》チテレ翅《はね》ヲ而去ル。園故《もと》無シレ名也。於イテレ是ニ始メテ以テ二思翁ノ詩及ビ蝶ノ意ヲ一名ヅクレ之ニ。秋半バニシテ、余奉ジテレ使ヒヲ出デレ都ヲ、是ノ園モ又属ス二他人ニ一。回二‐憶スレバ芳《はう》叢《そう》ヲ一、真ニ如シレ夢ノ矣。

【詩】

春城《ノ》花事（注7）小園多《ク》　幾《いく》度《たびカ》看《テ》レ花《ヲ》幾度《カ》 X

花《ハ》為《ニ》レ我《ガ》開《キテ》留《とどメ》レ我《ヲ》住《とどメ》　人《ハ》随《ヒテ》レ春《ニ》去《リ》 C 奈レ春何

思翁夢《ハ》好《よクシテ》遺《シ》二書扇《ヲ》一　Ⅱ 仙蝶図成《リテ》染《ム》二袖羅《ヲ》一

他日誰《たガ》家《カ》還《まタ》種《うエ》レ竹《ヲ》　坐《シテ》（注8）レ輿《こしニ》可《キ》レ許《ス》二子《シ》猷《いうノ》過《よぎルヲ》一

（阮元『揅経室集《けんけいしつしゅう》』による）

注

1　董思翁――明代の文人・董其昌《とうきしょう》（一五五五―一六三六）のこと。
2　辛未――清・嘉慶十六年（一八一一）。
3　瓜爾佳――満州族名家の姓。
4　空匣――空の箱。
5　壬申――清・嘉慶十七年（一八一二）。
6　従容――ゆったりと。
7　花事――春に花をめでたり、見て歩いたりすること。

8　坐レ輿可レ許二子猷過一　――　子猷は東晋・王徽之《おうきし》の字《あざな》。竹好きの子猷は通りかかった家に良い竹があるのを見つけ、感嘆して朗詠し、輿《こし》に乗ったまま帰ろうとした。その家の主人は王子猷が立ち寄るのを待っていたので、引き留めて歓待し、意気投合したという故事を踏まえる。

問1　波線部(ア)「復」・(イ)「審」・(ウ)「得」のここでの意味として最も適当なものを、次の各群の①〜⑤のうちから、それぞれ一つずつ選べ。

(ア)「復」
① なお
② ふと
③ じっと
④ ふたたび
⑤ まだ

(イ)「審」
① 正しく
② 詳しく
③ 急いで
④ 謹んで
⑤ 静かに

(ウ)　「得」

① 気がつく
② 手にする
③ 映しだす
④ 把握する
⑤ 捕獲する

(ア)
(イ)
(ウ)

問2　**傍線部A「客有呼之入匣奉帰余園者」について、返り点の付け方と書き下し文との組合せとして最も適当なものを、次の①～⑤のうちから一つ選べ。**

① 客有三呼レ之入二匣奉一帰二余園一者　客に之を呼び匣《はこ》に奉じ入ること有りて余の園に帰る者あり

② 客有二呼レ之入レ匣奉帰余園者一　客に之を呼び匣に入れ奉じて帰さんとする余の園の者有り

③ 客有下呼二之入レ匣奉帰二余園一者上　客に之を匣に入れ呼び奉じて余の園に帰る者有り

④ 客有下呼レ之入レ匣奉帰二余園一者上　客に之を呼びて匣に入れ奉じて余の園に帰さんとする者有り

⑤ 客有レ呼レ之入レ匣奉レ帰二余園者一　客に之を呼ぶこと有りて匣に入れ余の園の者に帰すを奉ず

□

問3　傍線部B「苟近レ我、我当レ図レ之」の解釈として最も適当なものを、次の①～⑤のうちから一つ選べ。

① どうか私に近づいてきて、私がおまえの絵を描けるようにしてほしい。
② ようやく私に近づいてきたのだから、私はおまえの絵を描くべきだろう。
③ ようやく私に近づいてきたのだが、どうしておまえを絵に描けるだろうか。
④ もし私に近づいてくれたとしても、どうしておまえを絵に描けただろうか。
⑤ もしも私に近づいてくれたならば、必ずおまえを絵に描いてやろう。

問4　空欄Xに入る漢字と【詩】に関する説明として最も適当なものを、次の①～⑤のうちから一つ選べ。

①「座」が入り、起承転結で構成された七言絶句。
②「舞」が入り、形式の制約が少ない七言古詩。
③「歌」が入り、頷聯《がんれん》と頸聯《けいれん》がそれぞれ対句になった七言律詩。
④「少」が入り、第一句の「多」字と対になる七言絶句。
⑤「香」が入り、第一句末と偶数句末に押韻する七言律詩。

問5　傍線部C「奈㆑春何」の読み方として最も適当なものを、次の①～⑤のうちから一つ選べ。

① はるもいかん
② はるにいづれぞ
③ はるにいくばくぞ
④ はるをなんぞせん
⑤ はるをいかんせん

問6　【詩】と【序文】に描かれた一連の出来事のなかで、二重傍線部Ⅰ「太常仙蝶」・Ⅱ「仙蝶」が現れたり、とまったりした場所はどこか。それらのうちの三箇所を、現れたりとまったりした順に挙げたものとして、最も適当なものを次の①～⑤のうちから一つ選べ。

① 春の城《まち》 ―― 袖 ―― 瓜爾佳氏の庭園
② 春の城《まち》 ―― 阮元の庭園の台 ―― 画家の家
③ 董思翁の家 ―― 扇 ―― 画家の家
④ 瓜爾佳氏の庭園 ―― 扇 ―― 袖
⑤ 扇 ―― 阮元の庭園の台 ―― 袖

□

問7 **【詩】**と**【序文】**から読み取れる筆者の心情の説明として最も適当なものを、次の①～⑤のうちから一つ選べ。

① 毎年花が散り季節が過ぎゆくことにはかなさを感じ、董思翁の家や瓜爾佳氏の園に現れた美しい蝶《ちょう》が扇や絵とともに他人のものとなったことをむなしく思っている。

② 扇から抜け出し庭園に現れた不思議な蝶の美しさに感動し、いずれは箱のなかにとらえて絵に描きたいと考えていたが、それもかなわぬ夢となってしまったことを残念に思っている。

③ 春の庭園の美しさを詩にできたことに満足するとともに、董思翁の夢を扇に描き、珍しい蝶の模様をあしらった服ができあがったことを喜んでいる。

④ 不思議な蝶のいる夢のように美しい庭園に住んでいたが、都を離れているあいだに人に奪われてしまい、厳しい現実と美しい夢のような世界との違いを嘆いている。

⑤ 時として庭園に現れる珍しい蝶は、捕まえようとしても捕まえられない不思議な蝶であったが、その蝶が現れた庭園で過ごしたことを懐かしく思い出している。

（共通テスト　本試験）

2 『欧陽文忠公集《おうようぶんちゅうこうしゅう》』・『韓非子《かんぴし》』

本冊（解答・解説）
p.22

◆次の【問題文Ⅰ】の詩と【問題文Ⅱ】の文章は、いずれも馬車を操縦する「御術《ぎょじゅつ》」について書かれたものである。これらを読んで、後の問い（問1～6）に答えよ。なお、設問の都合で返り点・送り仮名を省いたところがある。（配点　50）

【問題文Ⅰ】

吾ニ有リ二千里ノ馬一　毛（注1）骨(1)何蕭《せう》（注2）森タル

疾《はや》ク馳《は》スレバ如ク二奔風ノ一　白日ニ無シレ留ムルレ陰ヲ

徐《おもむ》ロニ駆《か》クレバ当タリ二大道ニ一　歩《ほ》（注3）驟《しう》ハ中《あ》タル二五（注4）音ニ一

馬車を走らせる御者

A

馬ニ雖モレ有リト二四足一　遅速ハ在リ二吾ガ X 一

(注5)六《りく》轡《ひ》ハ応ジ二吾ガ手ニ一　調和スルコト如シ二(注6)瑟《しつ》琴ノ一

東西ト与二南北一　高‐下ス二山ト与ヲレ林

B

惟意所欲適　(注7)九州可シ二(2)周尋ヌ一

(3)至レル哉　人ト与レ馬　両楽不二相侵サ一

(注8)伯楽ハ識ルモ二其ノ外ヲ一　(ア)徒知ル二価ノ千金ナルヲ一

王良ハ得タリ二其ノ性ヲ一　此ノ術(イ)固已ニ深シ

良馬ハ須まツ二(注9)善馭《ぎよ》ヲ一　吾ガ言可シレ為スレ(注10)箴《しん》ト

(欧陽脩《おうようしゅう》『欧陽文忠公集《おうようぶんちゅうこうしゅう》』による)

注

1 毛骨――馬の毛なみと骨格。
2 蕭森――ひきしまって美しい。
3 歩驟――馬が駆ける音。
4 五音――中国の伝統的な音階。
5 六轡――馬車を操る手綱。
6 瑟琴――大きな琴と小さな琴。
7 九州――中国全土。
8 伯楽――良馬を見抜く名人。
9 善馭――すぐれた御者（14ページの図を参照）。馭は御に同じ。
10 箴――いましめ。

【問題文Ⅱ】

王良は趙《ちょう》国の襄主《じょうしゅ》に仕える臣であり、「御術」における師でもある。ある日、襄主が王良に馬車の駆け競《くら》べを挑み、三回競走して三回とも勝てなかった。くやしがる襄主が、まだ「御術」のすべてを教えていないのではないかと詰め寄ると、王良は次のように答えた。

凡ソ御之所ハレ貴ブ、馬体(a)安ンジ二于車一ニ、人心(b)調《かなヒ》二于馬一ニ、而ル後ニ可《シ》二以《テ》(c)進《ムコト》速《すみやカニシテ》致《ス》レ遠《キヲ》。C今君後則欲レ逮レ臣、先則恐レ逮二于臣一。夫《レ》誘《すすメテ》レ道《ニ》争《フハ》レ遠《キヲ》、非《ザレバ》レ先《ンズルニ》則《チ》後《ル》也。而《シテ》(d)先後《ノ》心《ハ》在《リ》二于(e)臣《ニ》一。

尚《ホ》何《ヲ》以《テ》調《ハン》二於馬《ニ》一。此《レ》君之所二以後《ルル》一也。

（『韓非子《かんぴし》』による）

問1　波線部(ア)「徒」・(イ)「固」のここでの意味と、最も近い意味を持つ漢字はどれか。次の各群の①～⑤のうちから、それぞれ一つずつ選べ。

(ア)「徒」
① 只
② 復
③ 当
④ 好
⑤ 猶

(イ)「固」
① 強
② 難
③ 必
④ 絶
⑤ 本

(ア)	(イ)

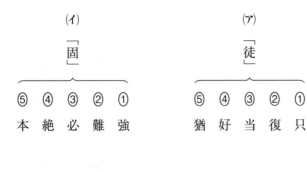

問2　波線部(1)「何」・(2)「周」・(3)「至哉」のここでの解釈として最も適当なものを、次の各群の①〜⑤のうちから、それぞれ一つずつ選べ。

(1)「何」
① どこが
② いつから
③ どのように
④ どうして
⑤ なんと

(2)「周」
① 手あたり次第に
② 何度も繰り返して
③ あらゆるところに
④ きちんと準備して
⑤ はるか遠くより

(3) 「至哉」

① あのような遠くまで行くことができるものなのか
② こんなにも人の気持ちが理解できるものなのか
③ あのような高い山まで登ることができようか
④ このような境地にまで到達できるものなのか
⑤ こんなにも速く走ることができるだろうか

(1)	
(2)	
(3)	

問3 【問題文Ⅰ】の傍線部A「馬雖ㇾ有二四足一遅速在二吾X一」は「御術」の要点を述べている。【問題文Ⅰ】と【問題文Ⅱ】を踏まえれば、【問題文Ⅰ】の空欄Xには【問題文Ⅱ】の二重傍線部(a)～(e)のいずれかが入る。空欄Xに入る語として最も適当なものを、次の①～⑤のうちから一つ選べ。

① (a) 体
② (b) 心
③ (c) 進
④ (d) 先
⑤ (e) 臣

問4　傍線部B「惟意所欲適」の返り点の付け方と書き下し文との組合せとして最も適当なものを、次の①～⑤のうちから一つ選べ。

①　惟意所㆓欲適㆒　　惟《た》だ意の欲して適《かな》ふ所にして

②　惟意所欲㆑適　　惟だ意《おも》ふ所に適《かな》はんと欲して

③　惟意㆑所㆑欲適　　惟だ欲する所を意《おも》ひ適《ゆ》きて

④　惟意所㆑欲㆑適　　惟だ意の適《ゆ》かんと欲する所にして

⑤　惟意㆑所㆓欲適㆒　　惟だ欲して適《ゆ》く所を意《おも》ひて

問5　傍線部C「今 君 後 則 欲㆑逮㆑臣、先 則 恐㆑逮㆓于 臣㆒。」の解釈として最も適当なものを、次の①～⑤のうちから一つ選べ。

① あなたは私に後ろにつかれると馬車の操縦に集中するのに、私が前に出るとすぐにやる気を失ってしまいました。

② あなたは今回後れても追いつこうとしましたが、以前は私に及ばないのではないかと不安にかられるだけでした。

③ あなたはいつも馬車のことを後回しにして、どの馬も私の馬より劣っているのではないかと憂えるばかりでした。

④ あなたは後から追い抜くことを考えていましたが、私は最初から追いつかれないように気をつけていました。

⑤ あなたは私に後れると追いつくことだけを考え、前に出るといつ追いつかれるかと心配ばかりしていました。

問6　**【問題文Ⅰ】と【問題文Ⅱ】を踏まえた「御術」と御者の説明として最も適当なものを、次の①～⑤のうちから一つ選べ。**

①　「御術」においては、馬を手厚く養うだけでなく、よい馬車を選ぶことも大切である。王良のように車の手入れを入念にしなければ、馬を快適に走らせることのできる御者にはなれない。

②　「御術」においては、馬の心のうちをくみとり、馬車を遠くまで走らせることが大切である。王良のように馬の体調を考えながら鍛えなければ、千里の馬を育てる御者にはなれない。

③　「御術」においては、すぐれた馬を選ぶだけでなく、馬と一体となって走ることも大切である。襄主のように他のことに気をとられていては、馬を自在に走らせる御者にはなれない。

④　「御術」においては、馬を厳しく育て、巧みな駆け引きを会得することが大切である。王良のように常に勝負の場を意識しながら馬を育てなければ、競走に勝つことのできる御者にはなれない。

⑤　「御術」においては、訓練場だけでなく、山と林を駆けまわって手綱さばきを磨くことも大切である。襄主のように型通りの練習をおこなうだけでは、素晴らしい御者にはなれない。

（共通テスト　第一日程）

3 「墨池記《ぼくちき》」・『晋書』

◆次の文章は、北宋《ほくそう》の文章家曽鞏《そうきょう》が東晋《とうしん》の書家王羲之《おうぎし》に関する故事を記したものである。これを読んで、後の問い（問1～7）に答えよ。なお、設問の都合で返り点・送り仮名を省いたところがある。（配点　50）

羲之之書《ハ》、(ア)晩乃善。則《チ》其《ノ》所《ハ》レ能《クスル》、蓋《シ》亦《タ》以《テ》二精力《ヲ》一自《ラ》致《ス》者《ニシテ》、非《ザル》二天成《ニ》一也。然《レドモ》後世［　X　］レ有《リ》二能《ク》及《ブ》者一、A豈其学不レ如レ彼邪。則《チ》学《ハ》固《ヨリ》(イ)豈可二以少一哉。B况《ンヤ》欲《スル》三深《ク》造《いたランと》二道徳《ニ》一者《ヲ》邪。墨池之上《ほとりハ》、今《ハ》為《ル》二州《ノ》(注1)学舎《ト》一。教授(注2)王君盛《ハ》、恐《ルル》二其《ノ》不《ルヲ》レ章《あらはレ》也《や》、書《シ》二晋《ノ》王(注3)右軍《ノ》墨池之六字《ヲ》於楹《えい》(注4)間《かんニ》一以《テ》掲《グ》レ

本冊（解答・解説）p.32

之《ヲ》。又《タ》告《ゲテ》二於鞏《ニ》一(注5)曰《ハク》「願《ハクハ》有《ランコトヲ》レ記。」C推《スニ》二王君之心《ヲ》一、豈《ニ》愛《シテ》二人之善《ヲ》一、雖《モ》二一能《ト》一不《シテ》二以《テ》廃《セ》一、而因《リテ》以《テ》及《ブ》二乎其《ノ》跡《ニ》一邪。其《レ》亦《タ》欲《スル》下推《シテ》二其《ノ》事《ヲ》一以《テ》勉《はげマサント》中其《ノ》学《ブ》者《ヲ》上邪。D夫人之有一能而使後人尚之如此。況《ンヤ》(注6)仁人荘士之遺(注7)風余思、被《かうむル》二於来世《ニ》一者如何《ゾ》哉。

（曽鞏「墨池記《ぼくちき》」による）

注
1 州学舎 —— 州に設置された学校。
2 教授王君盛 —— 教授の王盛《おうせい》のこと。
3 王右軍 —— 王羲之を指す。右軍は官職名。
4 楹 —— 家屋の正面の大きな柱。
5 鞏 —— 曽鞏の自称。
6 仁人荘士 —— 仁愛の徳を備えた人や行いの立派な者。
7 遺風余思 —— 後世に及ぶ感化。

問1　**波線部(ア)「晩乃善」・(イ)「豈可㆓以少㆒哉」のここでの解釈として最も適当なものを、次の各群の①〜⑤のうちから、それぞれ一つずつ選べ。**

(ア)「晩乃善」

① 年齢を重ねたので素晴らしい
② 年を取ってからこそが素晴らしい
③ 晩年になってさえも素晴らしい
④ 晩年のものはいずれも素晴らしい
⑤ 年齢にかかわらず素晴らしい

(イ)「豈可㆓以少㆒哉」

① やはり鍛錬をおろそかにするにちがいない
② きっと稽古が足りないにちがいない
③ なんと才能に恵まれないことだろうか
④ どうして努力を怠ってよいだろうか
⑤ なぜ若いときから精進しないのか

(ア)
(イ)

問2 空欄 X に入る語として最も適当なものを、次の①～⑤のうちから一つ選べ。

① 宜
② 将
③ 未
④ 当
⑤ 猶

問3　傍線部A「豈其学不レ如レ彼邪」に用いられている句法の説明として適当なものを、次の①～⑥のうちから二つ選べ。ただし、解答の順序は問わない。

① この文には比較の句法が用いられており、「～には及ばない」という意味を表している。
② この文には受身の句法が用いられており、「～されることはない」という意味を表している。
③ この文には限定の句法が用いられており、「～だけではない」という意味を表している。
④ この文には疑問を含んだ推量の句法が用いられており、「～ではないだろうか」という意味を表している。
⑤ この文には仮定を含んだ感嘆の句法が用いられており、「～なら～ないなあ」という意味を表している。
⑥ この文には使役を含んだ仮定の句法が用いられており、「～させたとしても～ではない」という意味を表している。

問4 傍線部B「況欲㆔深造㆓道徳㆒者邪。」とあるが、その解釈として最も適当なものを、次の①～⑤のうちから一つ選べ。

① ましてつきつめて道徳を理解しようとする者がいるのだろうか。
② まして道徳を体得できない者はなおさらであろう。
③ それでもやはり道徳を根付かせたい者がいるであろう。
④ ましてしっかりと道徳を身に付けたい者はなおさらであろう。
⑤ それでも道徳を普及させたい者はなおさらではないか。

問5　傍線部C「王君之心」の説明として最も適当なものを、次の①〜⑤のうちから一つ選べ。

① 一握りの才能ある者を優遇することなく、より多くの人材を育ててゆこうとすること。

② 王羲之の墨池の跡が忘れられてしまうことを憂い、学生たちを奮起させようとすること。

③ 歴史ある学舎の跡が廃れていることを残念に思い、王羲之の例を引き合いに出して振興しようとすること。

④ 王羲之の天賦の才能をうらやみ、その書跡を模範として学生たちを導こうとすること。

⑤ 王羲之ゆかりの学舎が忘れられてしまったことを嘆き、その歴史を曽鞏に書いてもらおうとすること。

□

問6 傍線部D「夫人之有一能而使後人尚之如此」の返り点の付け方と書き下し文との組合せとして最も適当なものを、次の①～⑤のうちから一つ選べ。

① 夫人之有二一能一而使二後人一尚レ之レ如レ此
夫《か》の人の一能有りて後人を使ひて此《か》くのごとく之を尚《たつと》ぶ

② 夫人之有二一能一而使二後人尚一レ之レ如レ此
夫の人を之れ一能有れば而《すなは》ち後人をして此くのごときに之《ゆ》くを尚ばしむ

③ 夫人之有二一能一而使二後人尚一レ之如レ此
夫《そ》れ人の一能有りて後人をして之を尚ばしむること此くのごとし

④ 夫人之有下一能而使二後人尚一レ之如上此
夫れ人を之れ一能にして後人をして之を尚ばしむること此くのごとき有り

⑤ 夫人之有下一能而使二後人一尚レ之如上此
夫れ人の一能にして後人を使ひて之を尚ぶこと此くのごとき有り

問7 「墨池」の故事は、王羲之が後漢の書家張芝《ちようし》について述べた次の【資料】にも見える。本文および【資料】の内容に合致しないものを、後の①〜⑤のうちから一つ選べ。

> **【資料】**
>
> 云ハク、「張芝臨ミテレ池ニ学ビレ書ヲ、池水尽ク黒シ。使メバ二人ヲシテ耽《ふけ》ルコトレ之ニ若クナラ㆑是《か》クノ、未ダル二必ズシモ後レ㆑之ニ也ト。」
>
> （『晋書《しんじよ》』「王羲之伝《おうぎしでん》」による）

① 王羲之は張芝を見習って池が墨で真っ黒になるまで稽古を重ねたが、張芝には到底肩をならべることができないと考えていた。

② 王盛は王羲之が張芝に匹敵するほど書に熱中したことを墨池の故事として学生に示し、修練の大切さを伝えようとした。

③ 曽鞏は王羲之には天成の才能があったのではなく、張芝のような並外れた練習によって後に書家として大成したと考えていた。

④ 王羲之は張芝が書を練習して池が墨で真っ黒になったのを知って、自分もそれ以上の修練をして張芝に追いつきたいと思った。

⑤ 王盛は張芝を目標として励んだ王羲之をたたえる六字を柱の間に掲げ、曽鞏にその由来を文章に書いてくれるよう依頼した。

□

（共通テスト　第二日程）

4 『荘子《そうじ》』・『郁離子《いくりし》』

本冊（解答・解説）
p.42

◆次の【文章Ⅰ】と【文章Ⅱ】は、いずれも「狙公《そこう》」（猿飼いの親方）と「狙《そ》」（猿）とのやりとりを描いたものである。【文章Ⅰ】と【文章Ⅱ】を読んで、後の問い（問1～5）に答えよ。なお、設問の都合で返り点・送り仮名を省いたところがある。（配点　50）

【文章Ⅰ】

猿飼いの親方が芧《とち》の実を分け与えるのに、「朝三つにして夕方四つにしよう、」といったところ、猿どもはみな怒った。「それでは朝四つにして夕方三つにしよう、」といったところ、猿どもはみな悦《よろこ》んだという。

（金谷《かなや》治《おさむ》訳注『荘子』による。）

【文章Ⅱ】

楚（注1）ニ有リ二養ヒテレ狙《そ》ヲ以テ為スレ生（1）者一。楚人謂フ二之ヲ狙《そ》公《こう》ト（注2）一。旦日必ズ

(注3)部二レ分《シテ》衆狙《ヲ》于庭《ニ》一、使老狙率以之山中、求草木之実。賦《シテ》(注4)二什《じふノ》一《ヲ》一以《テ》自《ラ》奉《ズ》(注5)。或《イハ》不《ンバ》レ給《セ》、則《チ》加《フ》二鞭《べん》(注6)箠《すいヲ》一焉。群狙皆畏《レテ》苦《シムモ》レ之《ニ》、弗《ざル》二敢《ヘテ》違《たがハ》一也。一日、有《リテ》二小狙一謂《ヒテ》二衆狙《ニ》一曰《ハク》、「山之果、公所樹与。」曰《ハク》、「否《しからザル》也。天《ノ》生《ズル》也《ト》。」曰《ハク》、「非《ズンバ》レ公《ニ》不《ル》二得《テ》而取《ラ》一与《ト》。」曰《ハク》、「否《ザル》也。皆得《テ》而取《ル》也《ト》。」曰《ハク》、「然《ラバ》則《チ》吾何《ゾ》仮《リテ》二於彼《ニ》一而為《スガ》二之《ガ》役《ヲ》一乎《ト》。」言未《ダ／ルニ》レ既《つキ》、衆狙皆寤《さム》。其《ノ》夕、相《ヒ》与《ニ》伺《ヒ》二狙公之寝《いヌルヲ》一、破《リ》レ柵《ヲ》毀《こぼチ》レ柙《をりヲ》、取《リ》二其《ノ》積(2)一、相《ヒ》携《ヘテ》而入《リ》二于林中《ニ》一、不二復《タ》帰《ラ》一。狙公卒《つひニ》餒《うヱテ》而死《ス》。

(注7)郁《いく》離《り》子《し》曰《ハク》、「世《ニ》有《ルハ》下以《テ》レ術《ヲ》使《ヒテ》レ民《ヲ》而無《キ》二道(注8)揆一者上、其《レ》如《キ》二狙公《ノ》一乎。C惟其昏而未レ覚也。一旦有《ラバ》レ開《クコト》レ之《ヲ》、其《ノ》術窮《セント》矣。」

（劉基《りゅうき》『郁離子』による。）

注

1 楚――古代中国の国名の一つ。
2 旦日――明け方。
3 部分――グループごとに分ける。
4 賦二什一一――十分の一を徴収する。
5 自奉――自らの暮らしをまかなう。
6 鞭箠――むち。
7 郁離子――著者劉基の自称。
8 道揆――道理にかなった決まり。

問1　傍線部(1)「生」・(2)「積」の意味として最も適当なものを、次の各群の①〜⑤のうちから、それぞれ一つずつ選べ。

(1)「生」
① 往生
② 生計
③ 生成
④ 畜生
⑤ 発生

(2)「積」
① 積極
② 積年
③ 積分
④ 蓄積
⑤ 容積

(1)
(2)

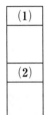

問2　傍線部A「使老狙率以之山中、求草木之実」の返り点・送り仮名の付け方と書き下し文との組合せとして最も適当なものを、次の①～⑤のうちから一つ選べ。

① 使ム下老狙ヲシテ率ヰテ以テ之キ二山中ニ一、求メ中草木之実ヲ上
老狙をして率《ひき》ゐて以て山中に之《ゆ》き、草木の実を求めしむ

② 使ヒテ二老狙ヲ一率ネ以テ之カシメ二山中ニ一、求ム二草木之実ヲ一
老狙を使ひて率《おほむ》ね以て山中に之かしめ、草木の実を求む

③ 使メテ二老狙ヲシテ率ヘ一以テ之キ二山中ニ一、求ム二草木之実ヲ一
老狙をして率《とら》へしめて以て山中に之き、草木の実を求む

④ 使シ老狙率ヰテ以テ之カバ二山中ニ一、求ム二草木之実ヲ一
使《も》し老狙率《ひき》ゐて以て山中に之かば、草木の実を求む

⑤ 使ム下老狙ヲバ率ヘテ以テ之キ二山中ニ一、求メ中草木之実ヲ上
老狙をば率《とら》へて以て山中に之き、草木の実を求めしむ

問3 傍線部B「山之果、公所樹与」の書き下し文とその解釈との組合せとして最も適当なものを、次の①～⑤のうちから一つ選べ。

① 山の果は、公の樹《う》うる所か
山の木の実は、猿飼いの親方が植えたものか

② 山の果は、公の所の樹《き》か
山の木の実は、猿飼いの親方の土地の木に生《な》ったのか

③ 山の果は、公の樹《う》ゑて与ふる所か
山の木の実は、猿飼いの親方が植えて分け与えているものなのか

④ 山の果は、公の所に樹《う》うるか
山の木の実は、猿飼いの親方の土地に植えたものか

⑤ 山の果は、公の樹《う》うる所を与ふるか
山の木の実は、猿飼いの親方が植えたものを分け与えたのか

□

問4　傍線部C「惟其昏而未レ覚也」の解釈として最も適当なものを、次の①〜⑤のうちから一つ選べ。

① ただ民たちが疎くてこれまで気付かなかっただけである
② ただ民たちがそれまでのやり方に満足していただけである
③ ただ猿たちがそれまでのやり方に満足しなかっただけである
④ ただ猿飼いの親方がそれまでのやり方のままにしただけである
⑤ ただ猿飼いの親方が疎くて事態の変化にまだ気付いていなかっただけである

問5　次に掲げるのは、授業の中で【文章Ⅰ】と【文章Ⅱ】について話し合った生徒の会話である。これを読んで、後の(i)〜(iii)の問いに答えよ。

生徒A　【文章Ⅰ】のエピソードは、有名な故事成語になっているね。
生徒B　それって何だったかな。　X　というような意味になるんだっけ。
生徒C　そうそう。もう一つの【文章Ⅱ】では、猿飼いの親方は散々な目に遭っているね。【文章Ⅰ】と【文章Ⅱ】とでは、何が違ったんだろう。
生徒A　【文章Ⅰ】では、猿飼いの親方は言葉で猿を操っているね。
生徒B　【文章Ⅱ】では、猿飼いの親方はむちで猿を従わせているよ。
生徒C　【文章Ⅰ】では、猿飼いの親方の言葉に猿が丸め込まれてしまうけど……。
生徒A　【文章Ⅱ】では、　Y　が運命の分かれ目だよね。これで猿飼いの親方と猿との関係が変わってしまった。
生徒B　【文章Ⅱ】の最後で郁離子は、　Z　と言っているよね。
生徒C　だからこそ、【文章Ⅱ】の猿飼いの親方は、「其の術窮せん。」ということになったわけか。

(i) X に入る有名な故事成語の意味として最も適当なものを、次の①～⑤のうちから一つ選べ。

① おおよそ同じだが細かな違いがあること
② 朝に命令を下し、その日の夕方になるとそれを改めること
③ 二つの物事がくい違って、話のつじつまが合わないこと
④ 朝に指摘された過ちを夕方には改めること
⑤ 内容を改めないで口先だけでごまかすこと

(ii) Y に入る最も適当なものを、次の①～⑤のうちから一つ選べ。

① 猿飼いの親方がむちを打って猿をおどすようになったこと
② 猿飼いの親方が草木の実をすべて取るようになったこと
③ 小猿が猿たちに素朴な問いを投げかけたこと
④ 老猿が小猿に猿飼いの親方の素性を教えたこと
⑤ 老猿の指示で猿たちが林の中に逃げてしまったこと

(iii) Z に入る最も適当なものを、次の①～⑤のうちから一つ選べ。

① 世の中には「術」によって民を使うばかりで、「道揆」に合うかを考えない猿飼いの親方のような者がいる
② 世の中には「術」をころころ変えて民を使い、「道揆」に沿わない猿飼いの親方のような者がいる
③ 世の中には「術」をめぐらせて民を使い、「道揆」を知らない民に反抗される猿飼いの親方のような者がいる
④ 世の中には「術」によって民を使おうとして、賞罰が「道揆」に合わない猿飼いの親方のような者がいる
⑤ 世の中には「術」で民をきびしく使い、民から「道揆」よりも多くをむさぼる猿飼いの親方のような者がいる

(i)	(ii)	(iii)

（共通テスト 試行調査）

5 『史記《しき》』・「太公垂釣《たいこうすいちょう》の図《ず》」

本冊（解答・解説）p.50

◆次の【文章Ⅰ】は、殷《いん》王朝の末期に、周《しゅう》の西伯《せいはく》が呂尚《りょしょう》（太公望《たいこうぼう》）と出会った時の話を記したものである。授業でこれを学んだC組は太公望について調べてみることになった。二班は、太公望のことを詠んだ佐《さ》藤一斎《とういっさい》の漢詩を見つけ、調べたことを【文章Ⅱ】としてまとめた。【文章Ⅰ】と【文章Ⅱ】を読んで、後の問い（問1～7）に答えよ。なお、返り点・送り仮名を省いたところがある。（配点　50）

【文章Ⅰ】

呂尚ハ蓋シ(1)嘗窮困シ、年老イタリ矣。以テ二漁釣ヲ一奸《もと》ム(注1)二周ノ西伯ニ一。A西伯将レ出レ猟卜レ之。曰ハク、「所レ獲ル非レズ龍ニ、非レズ彲《みづち》ニ、非レズ虎ニ、非レズ羆《ひぐま》ニ、所レ獲ル覇王之輔《たす》ケナリト。」於イテレ是ニ周ノ西伯猟《か》リス。(ア)果遇フ二太公(注2)ニ於渭《ゐ》(注3)之

陽《きたニ》一。(2)与語《リテ》大《イニ》説《よろこビテ》曰《ハク》、「自《リ》二吾《ガ》(注4)先君太公一曰《ハク》、(イ)『当下有《リテ》二聖人一適《ゆク》上周《ニ》。周以《テ》興《ラント》。』B子《ハ》真《ニ》是《レナルか》邪。吾《ガ》太公望《ムコト》レ子《ヲ》久《シト》矣。」故《ニ》号《シテ》レ之《ヲ》曰《フ》二太公望《ト》一。載《セテ》与倶《ニ》帰《リ》、立《テテ》為《スト》レ師《ト》。

（司馬遷《しばせん》『史記《しき》』による。）

注

1 奸 —— 知遇を得ることを求める。
2 太公 —— ここでは呂尚を指す。
3 渭之陽 —— 渭水《いすい》の北岸。渭水は、今の陝西省《せんせい》を東に流れて黄河に至る川。
4 吾先君太公 —— ここでは西伯の亡父を指す（なお諸説がある）。

【文章Ⅱ】

佐藤一斎の「太公垂釣の図」について

平成二十九年十一月十三日
愛日楼高等学校二年C組二班

太公垂釣ノ図

佐藤一斎

謬《あやま》リテ被《れ》二文王ニ載セ得テ帰ラ一
一《いっ》竿《かん》ノ風月与レ心違《たが》フ
想《おも》フ君ガ牧《ぼく》野《や》鷹《よう》揚《やう》ノ後
夢ハ在ラン二磻《はん》渓《けい》ノ旧釣《てう》磯《き》ニ一

不本意にも文王によって周に連れていかれてしまい、
釣り竿《ざお》一本だけの風月という願いとは、異なることになってしまった。
想うに、あなたは牧野で武勇知略を示して殷を討伐した後は、
磻渓の昔の釣磯《つりいそ》を毎夜夢に見ていたことであろう。

幕末の佐藤一斎（一七七二～一八五九）に、太公望（呂尚）のことを詠んだ漢詩があります。太公望は、七十歳を過ぎてから磻渓（渭水のほとり）で文王（西伯）と出会い、周に仕えます。殷との「牧野の戦い」では、軍師として活躍し、周の天下を盤石のものとしました。しかし、その本当の思いは？

C 佐藤一斎の漢詩は、【文章Ⅰ】とは異なる太公望の姿を描きました。

ある説として、この漢詩は佐藤一斎が七十歳を過ぎてから昌平坂《しょうへいざか》学問所（幕府直轄の学校）の教官となり、その時の自分の心境を示しているとも言われています。

狩野探幽《かのうたんゆう》画「太公望釣浜図」
日本でも太公望が釣りをする絵画がたくさん描かれました。

〈コラム〉
太公望＝釣り人？
文王との出会いが釣りであったことから、今では釣り人のことを「太公望」と言います。【文章Ⅰ】の、西伯が望んだ人物だったからという由来とは違う意味で使われています。

問1　波線部(1)「嘗」・(2)「与」の読み方として最も適当なものを、次の各群の①～⑤のうちから、それぞれ一つずつ選べ。

(1)「嘗」
① かつて
② こころみに
③ すなはち
④ なめて
⑤ なんぞ

(2)「与」
① あたへ
② あづかり
③ ここに
④ すでに
⑤ ともに

(1)	
(2)	

問2　二重傍線部(ア)「果」・(イ)「当」の本文中における意味として最も適当なものを、次の各群の①〜⑤のうちから、それぞれ一つずつ選べ。

(ア)「果」
① たまたま
② 案の定
③ 思いがけず
④ やっとのことで
⑤ 約束どおりに

(イ)「当」
① ぜひとも〜すべきだ
② ちょうど〜のようだ
③ どうして〜しないのか
④ きっと〜だろう
⑤ ただ〜だけだ

(ア)	(イ)

問3 傍線部A「西 伯 将 出 猟 卜 之」の返り点の付け方と書き下し文との組合せとして最も適当なものを、次の①〜⑤のうちから一つ選べ。

① 西 伯 将㆓出㆑猟 卜㆒㆑之　　西伯将に猟《か》りに出《い》でて之を卜《うらな》ふべし

② 西 伯 将 出 猟 卜㆑之　　西伯の将出でて猟りして之を卜ふ

③ 西 伯 将 出㆑猟 卜㆑之　　西伯将《は》た猟りに出でて之を卜ふか

④ 西 伯 将㆑出㆑猟 卜㆑之　　西伯猟りに出づるを将《ひき》ゐて之を卜ふ

⑤ 西 伯 将㆓出 猟㆒卜㆑之　　西伯将に出でて猟りせんとし之を卜ふ

□

問4　傍線部B「子 真 是 邪」の解釈として最も適当なものを、次の①～⑤のうちから一つ選べ。

① 我が子はまさにこれにちがいない。
② あなたはまさにその人だろうか、いや、そんなはずはない。
③ あなたはまさにその人ではないか。
④ 我が子がまさにその人だろうか、いや、そんなはずはない。
⑤ 我が子がまさにその人ではないか。

□

問5　【文章Ⅱ】に挙げられた佐藤一斎の漢詩に関連した説明として正しいものを、次の①〜⑥のうちから、すべて選べ。

① この詩は七言絶句という形式であり、第一、二、四句の末字で押韻している。

② この詩は七言律詩という形式であり、第一句と偶数句末で押韻し、また対句を構成している。

③ この詩は古体詩の七言詩であり、首聯《しゅれん》、頷聯《がんれん》、頸聯《けいれん》、尾聯《びれん》からなっている。

④ この詩のような作品は中国語の訓練を積んだごく一部の知識人しか作ることができず、漢詩は日本人の創作活動の一つにはならなかった。

⑤ この詩のような作品を詠むことができたのは、漢詩を日本独自の文学様式に変化させたからで、日本人は江戸時代末期から漢詩を作るようになった。

⑥ この詩のように優れた作品を日本人が多く残しているのは、古くから日本人が漢詩文に親しみ、自らの教養の基礎としてきたからである。

問6　【文章Ⅱ】の□で囲まれた〈コラム〉の文中に一箇所誤った箇所がある。その誤った箇所を次のA群の①〜③のうちから一つ選び、正しく改めたものを後のB群の①〜⑥のうちから一つ選べ。

A群

① 文王との出会いが釣りであった
② 釣り人のことを「太公望」と言います
③ 西伯が望んだ人物だったから

B群

① 文王が卜《うらな》いをしている時に出会った
② 文王が釣りをしている時に出会った
③ 釣りによって出世しようとする人のことを「太公望」と言います
④ 釣り場で出会った友のことを「太公望」と言います
⑤ 西伯の先君太公が望んだ人物だったから
⑥ 西伯の先君太公が望んだ子孫だったから

A
B

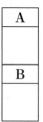

問7 【文章Ⅱ】の傍線部C「佐藤一斎の漢詩は、【文章Ⅰ】とは異なる太公望の姿を描きました。」とあるが、佐藤一斎の漢詩からうかがえる太公望の説明として最も適当なものを、次の①～⑥のうちから一つ選べ。

① 第一句「謬りて」は、文王のために十分に活躍することはできなかったという太公望の控えめな態度を表現している。
② 第一句「謬りて」は、文王の補佐役になって殷を討伐した後の太公望のむなしさを表現している。
③ 第二句「心と違ふ」は、文王に見いだされなければ、このまま釣りをするだけの生活で終わってしまっていたという太公望の回想を表現している。
④ 第二句「心と違ふ」は、殷の勢威に対抗するために文王の補佐役となったが、その後の待遇に対する太公望の不満を表現している。
⑤ 第四句「夢」は、本来は釣磯で釣りを楽しんでいたかったという太公望の望みを表現している。
⑥ 第四句「夢」は、文王の覇業が成就した今、かなうことなら故郷の磻渓の領主になりたいという太公望の願いを表現している。

□

（共通テスト　試行調査）

6 『続《ぞく》資《し》治《じ》通《つ》鑑《がん》長《ちょう》編《へん》』

◆次の文章を読んで、後の問い（問1～6）に答えよ。なお、設問の都合で返り点・送り仮名を省いたところがある。（配点 50）

嘉《か》(注1)祐《いう》ハ、禹《う》(注2)偁《しょう》ノ子也。嘉祐ハ平時ハ若キモ二愚《ぐ》(注3)騃《がい》ノ一、独リ寇《こう》(注4)準《じゅん》ノミ知レ I 之。準 II 知二開(注5)封府一、一日、問ヒテ二嘉祐ニ一曰ハク、「外(注6)間議スルヲ X レ準ヲ云何《いかん》ト。」嘉祐曰ハク、「外人皆云フト二丈(注7)人旦(注8)夕入リテ(注9)相タラント一。」準曰ハク、「於《お》イテハ二吾《ご》(注10)子《し》ニ一意《おも》フコト何如《いかん》ト。」嘉祐曰ハク、「以テレ愚ヲ観(注11)ルニレ之ヲ、A 丈人不若未為相。為相則誉望損矣。」準曰ハク、「何ノ故ゾト。」嘉祐曰ハク、「自《より》レ古《いにしへ》賢相ノ所下一

本冊（解答・解説）p.60

以能ク建テ二功業ヲ一Y沢中生（注12）民ヲ上者《は》、其ノ君臣相ヒ得ルコト皆如ケレバナリ二魚之

有ルガレ水。故ニB言聴カレ計従ハレ、而シテ功名倶《とも》ニ美ナリ。今丈人負ヒ二天下ノ

重望ヲ一、相タレバ則チ中外以テ二太平ヲ一責《もと》メン焉。丈人之于《お》ケルヤ（注13）二明主ニ一、能ク

若キ二魚之有ルガレ水乎《か》。C嘉祐ノ所三-以恐ルル二誉望之損ナハレンコトヲ一也ト。」準喜ビ、

起《た》チテ執《と》リテ二其ノ手ヲ一曰ハク「元之《げんし》（注14）ハ雖モ三文章ハ冠タリト二天下ニ一、至リテハ二於深識遠

慮ニ一、D殆《ほとん》ド不ルレ能ハレ勝ル二吾子ニ一也ト。」

（李燾《りとう》『続資治通鑑長編《ぞくしじつがんちょうへん》』による）

注

1 嘉祐——王嘉祐。北宋の人。
2 禹偁——王禹偁。王嘉祐の父で、北宋の著名な文人。
3 愚騃——愚かなこと。
4 寇準——北宋の著名な政治家。
5 開封府——現在の河南省開封市。北宋の都であった。
6 外間——世間。
7 丈人——あなた。年長者への敬称。
8 旦夕——すぐに、間もなく。
9 入——朝廷に入って役職に就く。
10 吾子——あなた。相手への親しみをこめた言い方。
11 愚——私。自らを卑下する謙譲表現。
12 生民——人々。
13 明主——皇帝を指す。
14 元之——王禹偁の字《あざな》。

問1　二重傍線部X「議」、Y「沢」の意味の組合せとして最も適当なものを、次の①～⑤のうちから一つ選べ。

①　X　相談する　　Y　水を用意する
②　X　非難する　　Y　田畑を与える
③　X　論評する　　Y　恩恵を施す
④　X　礼賛する　　Y　物資を供給する
⑤　X　批判する　　Y　愛情を注ぐ

問2　波線部Ⅰ「知レ之」・Ⅱ「知二開封府一」の解釈として最も適当なものを、次の各群の①〜⑤のうちから、それぞれ一つずつ選べ。

Ⅰ　「知レ之」

① 王嘉祐が決して愚かな人物ではないことを知っていた
② 王嘉祐が乱世には非凡な才能を見せることを知っていた
③ 王嘉祐が世間の評判通り愚かであるということを知っていた
④ 王嘉祐が王禹偁の子にしては愚かなことを知っていた
⑤ 王嘉祐が王禹偁の文才を受け継いでいることを知っていた

Ⅱ　「知二開封府一」

① 開封府の長官の知遇を得た
② 開封府には知人が多くいた
③ 開封府の知事を務めていた
④ 開封府から通知を受けた
⑤ 開封府で王嘉祐と知りあった

Ⅰ	
Ⅱ	

問3　傍線部A「丈人不若未為相。為相則誉望損矣」について、(i)書き下し文・(ii)その解釈として最も適当なものを、次の各群の①～⑤のうちから、それぞれ一つずつ選べ。

(i)　書き下し文

① 丈人に若《し》かずんば未だ相と為《な》らず。相と為れば則ち誉望損なはれんと
② 丈人未だ相の為《ため》にせざるに若かず。相の為にすれば則ち誉望損なはれんと
③ 丈人若《なんぢ》の未だ相と為らずんば不《あら》ず。相と為れば則ち誉望損なはれんと
④ 丈人未だ相と為らざるに若かず。相と為れば則ち誉望損なはれんと
⑤ 丈人に若かずんば未だ相の為にせず。相の為にすれば則ち誉望損なはれんと

(ii) 解釈

① 誰もあなたに及ばないとしたら宰相を補佐する人はいません。ただ、もし補佐する人が現れたら、あなたの名声は損なわれるでしょう。

② あなたはまだ宰相を補佐しないほうがよろしいでしょう。もし、あなたが宰相を補佐すれば、あなたの名声は損なわれるでしょう。

③ あなたはまだ宰相とならないほうがよろしいでしょう。もし、あなたが宰相となれば、あなたの名声は損なわれるでしょう。

④ あなたは今や宰相とならないわけにはいきません。ただ、あなたが宰相となれば、あなたの名声は損なわれるでしょう。

⑤ 誰もあなたに及ばないとしたら宰相となる人はいません。ただ、もし宰相となる人が現れたら、あなたの名声は損なわれるでしょう。

(i)	
(ii)	

問4　傍線部B「言聴計従」は、直前の点線部「如二魚之有レ水」を踏まえているが、どのようなことを言っているのか。次の【資料】も参考にして、説明として最も適当なものを、後の①～⑤のうちから一つ選べ。

【資料】

『三国志』で知られる、蜀《しょく》の劉備《りゅうび》は、「三顧《さんこ》の礼」をもって諸葛孔明《しょかつこうめい》（亮《りょう》）を軍師に迎えた。孔明は天下を、魏《ぎ》・呉《ご》・蜀に分割する「天下三分の計」を進言された。

備曰《ハク》、「善《シト》。」与レ亮情好日《ニ》密《ナリ》。曰《ハク》、「孤《こ》之有《ルハ》二孔明一、猶《ホ》キ二魚之有《ルガ》レ水也《ト》。」

（『十八史略《じゅうはっしりゃく》』による）

① 「丈人」の「言」や「計」が、「相」によって「聴」かれ、「従」われるということ。

② 「君」の「言」や「計」が、「生民」によって「聴」かれ、「従」われるということ。

③ 「賢相」の「言」や「計」が、「君」によって「聴」かれ、「従」われるということ。

④ 「明主」の「言」や「計」が、「賢相」によって「聴」かれ、「従」われるということ。

⑤ 「生民」の「言」や「計」が、「明主」によって「聴」かれ、「従」われるということ。

□

問5　傍線部C「嘉祐所㆔以恐㆓誉望之損㆒也」とあるが、王嘉祐がそのように述べるのはなぜか。その理由として最も適当なものを、次の①～⑤のうちから一つ選べ。

① 宰相は寇準に対して天下を太平にしてほしいと期待するだろうが、もし寇準が昔の偉大な臣下より劣るとすれば太平は実現されず、宰相の期待は失われてしまうから。

② 人々は寇準に対して天下を太平にしてほしいと期待するだろうが、もし寇準が皇帝と親密な状態になれなければ太平は実現されず、彼らの期待は失われてしまうから。

③ 皇帝は寇準に対して天下を太平にしてほしいと期待するだろうが、もし寇準の政策が古代の宰相よりも優れていなければ太平は実現されず、皇帝の期待は失われてしまうから。

④ 人々は寇準に対して天下を太平にしてほしいと期待するだろうが、もし寇準が皇帝の意向に従ってしまえば太平は実現されず、彼らの期待は失われてしまうから。

⑤ 宰相は寇準に対して天下を太平にしてほしいと期待するだろうが、もし寇準が皇帝の信用を得られなければ太平は実現されず、宰相の期待は失われてしまうから。

問6 **傍線部D「殆不㆑能㆑勝㆓吾子㆒也」とあるが、その説明として最も適当なものを、次の①〜⑤のうちから一つ選べ。**

① 王嘉祐は宰相が政治を行う時、どのように人々と向き合うべきかを深く知っている。したがって政治家としての思考の適切さという点では、父の王禹偁もおそらく王嘉祐にはかなわない。

② 王嘉祐は寇準の政治的立場に深く配慮し、世間の意見の大勢にはっきりと反対している。したがって意志の強さという点では、父の王禹偁もおそらく王嘉祐にはかなわない。

③ 王嘉祐は今の政治を分析するにあたり、古代の宰相の功績を参考にしている。したがって歴史についての知識の深さという点では、父の王禹偁もおそらく王嘉祐にはかなわない。

④ 王嘉祐は皇帝と宰相の政治的関係を深く理解し、寇準の今後の進退について的確に進言している。したがって見識の高さという点では、父の王禹偁もおそらく王嘉祐にはかなわない。

⑤ 王嘉祐は理想的君臣関係について深く考えてはいるものの、寇準に問われてはじめて自らの政治的見解を述べている。したがって言動の慎重さという点では、父の王禹偁もおそらく王嘉祐にはかなわない。

□

（センター本試験　改）

7 『白《はく》石《せき》先《せん》生《せい》遺《い》文《ぶん》』

◆次の文章を読んで、後の問い（問1〜6）に答えよ。なお、設問の都合で返り点・送り仮名を省いたところがある。（配点 50）

A 聴二ケバ雷《らい》（注1）霆《てい》ヲ於百里之外一ニ者、如レク鼓レスルガ（注2）盆ヲ、望二メバ江河ヲ於千里之間一ニ者、如レキハ縈レ《まと》フガ帯ヲ、以二テ其ノ相ヒ去ル之遠一キヲ也。故ニ居《を》二リテ于千載之下一ニ而求二ムルニ之ヲ（1）于千載之上一ニ、以二テ相ヒ去ル之遠一キヲ而不レバ知レラ有二ルヲ其ノ変一、則チ猶ホ二シ刻レミテ舟ニ求レムルガ剣ヲ。今之所レハ求ムル、非二ザルモ往者ノ所レニ失フ、而謂《おもへ》下リ其ノ刻ミシハ在レリ此ニ、是レ所二ニ従《より》テ墜《お》ツル一ト也上。B 豈ニ不レ惑ヒナラや乎。

本冊（解答・解説）p.70

今夫レ江戸者《は》、世之所レ称《スル》名都大《だい》(注3)邑《いふ》、冠蓋(注4)之所レ集《マル》、(2)舟車之所レ湊《ニシテあつマル》、実《ニ》為《たル》二天下之大都会一也。C 而《レドモ》其地之為レ名、訪之於古、未之聞。豈《ニ》非《ズ》三古今相《ヒ》去《ルコト》日《ひびニ》遠《ク》、而事物之変《モ》亦《まタ》在《ルニ》二于其《ノ》間《ニ》一耶《や》。(ア)蓋知《ル》、後之於《おケルモ》レ今《ニ》、世之相《ヒ》去《ルコト》(イ)愈遠《ク》、事之相《ヒ》変《ズルコト》愈多《ク》、求《ムルモノ》二其《ノ》所《ヲ》レ欲《スル》レ聞《カント》而不《ルコト》レ可《カラ》レ得、亦《タ》猶《ホ》《キヲ二》今之於《ケルガ》レ古《ニ》也。

吾窃《ひそかニ》有《リ》レ感《ズル》レ焉《これニ》。D 『遺(注5)聞』之書、所《よリテ》二由作《ル》一也。

（新井白石『白石先生遺文』による）

注

1 雷霆——雷鳴。

2 鼓レ盆——盆は酒などを入れる容器。それを太鼓のように叩《たた》くこと。

3 大邑——大きな都市。

4 冠蓋——身分の高い人。

5 『遺聞』——筆者の著書『江関遺聞』を指す。

問1　波線部(ア)「蓋」、(イ)「愈」のここでの読み方として最も適当なものを、次の各群の①〜⑤のうちから、それぞれ一つずつ選べ。

(ア)「蓋」
① なんぞ
② はたして
③ まさに
④ すなはち
⑤ けだし

(イ)「愈」
① しばしば
② いよいよ
③ かへつて
④ はなはだ
⑤ すこぶる

(ア)	(イ)

問2　傍線部(1)「千載之上」・(2)「舟車之所レ湊」のここでの意味として最も適当なものを、次の各群の①〜⑤のうちから、それぞれ一つずつ選べ。

(1)「千載之上」

① 高い地位
② 遠い過去
③ 重たい積み荷
④ 多くの書籍
⑤ はるかな未来

(2)「舟車之所レ湊」

① 軍勢が集まる拠点
② 荷物を積みおろしする港
③ 水陸の交通の要衝
④ 事故が多い交通の難所
⑤ 船頭や車夫の居住区

(1)
(2)

問3 傍線部A「聴㆓雷霆於百里之外㆒者、如㆑鼓㆑盆、望㆓江河於千里之間㆒者、如㆑縈㆑帯、以㆓其相去之遠㆒也」とあるが、それはどういうことか。その説明として最も適当なものを、次の①～⑤のうちから一つ選べ。

① 聴覚と視覚とは別の感覚なので、「雷霆」は「百里」離れると小さく感じられるようになるが、「江河」は「千里」離れないとそうならないということ。

② 「百里」や「千里」ほども遠くから見聞きしているために、「雷霆」や「江河」のように本来は大きなものも、小さく感じられるということ。

③ 「百里」離れているか「千里」離れているかによって、「雷霆」や「江河」をどのくらい小さく感じるかの程度が違ってくるということ。

④ 「百里」や「千里」くらい遠い所にいるおかげで、「雷霆」や「江河」のように危険なものも、小さく感じられて怖くなくなるということ。

⑤ 空の高さと陸の広さとは違うので、「雷霆」は「百里」離れるとかすかにしか聞こえないが、「江河」は「千里」でもまだ少しは見えるということ。

□

問4　傍線部B「豈不レ惑乎」とあるが、筆者がそのように述べる理由は何か。二重傍線部「刻レ舟求レ剣」の故事である、次の【資料】に即した説明として最も適当なものを、後の①～⑤のうちから一つ選べ。

【資料】

楚人《ニ》有《リ》二渉《わたル》レ江《ヲ》者一。其《ノ》剣自《リ》二舟中一墜《おツ》二於水一。遽《にはカニ》契《きざミテ》二其《ノ》舟一曰《ハク》、「是《レ》吾《ガ》剣之所《ナリト》二従《よりテ》墜《ツル》一。」舟止《マリ》、従《リ》二其《ノ》所《ノ》レ契《ム》者一入《リテ》レ水《ニ》求《ム》レ之《ヲ》。舟《ハ》已《ニ》往《ケリ》矣。而《しかモ》剣《ハ》不レ行《カ》。求《ムルコト》レ剣《ヲ》若《キハ》レ此《クノ》、不二亦惑《ヒナラ》一乎。

（『呂氏春秋《りょししゅんじゅう》』による）

① 剣は水中でどんどん錆《さ》びていくのに、落とした時のままの剣を見つけ出せると決めてかかっているから。
② 船がどれくらいの距離を移動したかを調べもせずに、目印を頼りに剣を探し出せると思い込んでいるから。
③ 大切なのは剣を見つけることなのに、目印のつけ方が正しいかどうかばかりを議論しているから。
④ 目印にすっかり安心して、船が今停泊している場所と、剣を落とした場所との違いに気づいていないから。

⑤ 船が動いて場所が変われば、それに応じて新しい目印をつけるべきなのに、怠けてそれをしなかったから。

問5　傍線部C「其地之為名、訪之於古、未之聞」の返り点の付け方と書き下し文との組合せとして最も適当なものを、次の①～⑤のうちから一つ選べ。

①　其 地 之 為レ名、訪レ之 於レ古、未二之 聞一
其の地の名を為《な》すに、之を訪ぬるに古《いにしへ》に於《お》いてするは、未だ之《ゆ》くを聞かず

②　其 地 之 為レ名、訪二之 於 古一、未二之 聞一
其の地の名為《た》る、之を古に訪ぬるも、未だ之を聞かず

③　其 地 之 為レ名、訪二之 於レ古、未レ之 聞
其の地の名を為すに、之きて古に於いて訪ぬるも、未だ之かざるを聞く

④　其 地 之 為レ名、訪二之 於レ古、未二之 聞一
其の地の名の為《ため》に、之きて古に於いて訪ぬるも、未だ之を聞かず

⑤　其 地 之 為レ名、訪二之 於 古一、未レ之 聞
其の地の名為る、之を古に訪ぬるも、未だ之かざるを聞く

問6　傍線部D「『遺聞』之書、所二由作一也」とあるが、『江関遺聞』が書かれた理由として最も適当なものを、次の①～⑤のうちから一つ選べ。

① 江戸は大都市だが、昔から繁栄していたわけではなく、同様に、未来の江戸も今とは全く違った姿になっているはずなので、後世の人がそうした違いを越えて、事実を理解するための手助けをしたいと考えたから。

② 江戸は政治的・経済的な中心となっているが、今後も発展を続ける保証はないし、逆にさびれてしまうおそれさえあるので、これからの変化に備えて、今の江戸がどれほど繁栄しているかを記録に残したいと考えたから。

③ 江戸は経済面だけでなく、政治的にも重要な都市となったが、かつてはそうではなかったので、江戸の今と昔とを対比することで、江戸が大都市へと発展してきた過程をよりはっきり示したいと考えたから。

④ 江戸は大都市のうえに変化が激しく、古い情報しか持たずに遠方からやってきた人は、行きたい場所を見つけるにも苦労するので、変化に対応した最新の江戸の情報を提供し、人々の役に立ちたいと考えたから。

⑤ 江戸は大きく発展したが、その一方で昔の江戸の風情が失われてきており、しかもこの傾向は今後いっそう強まりそうなので、昔の江戸の様子を書き記すことで、古い風情を後世まで守り伝えたいと考えたから。

□

（センター本試験　改）

8 『篁墩文集《こうとんぶんしゅう》』

◆次の【文章Ⅰ】【文章Ⅱ】は、いずれも、同じ書物の一節である。これらを読んで、後の問い（問1〜7）に答えよ。なお、設問の都合で送り仮名を省いたところがある。（配点 50）

【文章Ⅰ】

家ニ蓄《やしな》フ二一老貍《り》（注1）奴《ど》ヲ一。（ア）将レ誕《う》マントレ子ヲ矣（a）。一女童誤リテ触レレ之ニ、而シテ堕ス。日夕嗚《を》（注2）嗚《を》然《ぜん》タリ。会《たまたま》有リ下餽《おく》ル二両小貍奴ヲ一者上。其ノ始メ、蓋シ漠（注3）然トシテ不ル二相ヒ能《よ》クセ一也。老貍奴ナル者、従ヒテ而撫《ぶ》シレ之ヲ、徬《はう》（注4）徨《くわう》焉《えん》タリ、躑《てき》躅《ちよく》焉《えん》タリ。臥《ぐわ》スレバ則チ擁シレ之ヲ、行ケバ則チ翊《たす》クレ之ヲ。舐《な》メテ二其ノ毦《じよう》（注5）ヲ一而譲ル二之ニ食ヲ一。両小

本冊（解答・解説）
p.80

貍奴《ナル》者《モ》、亦《まタ》久《シクシテ》而相《ヒ》忘《ルル》也。稍《やうやク》即《つキ》レ之《ニ》、遂《ニ》(1)承二其《ノ》乳《ヲ》一焉。(イ)自レ是《レ》欣《きん》(注6)然《ぜんトシテ》以《テ》為《ス》二良《まことニ》己之母《ナリト》一。老貍奴《ナル》者《モ》、亦《タ》居(注7)然《トシテ》以《テ》為《ス》二良《ニ》己《ガ》出《ダスト》一也。A (b)吁《ああ》、亦《タ》異《ナル》哉《かな》。

注

1 貍奴——猫。
2 嗚嗚然——嘆き悲しんで鳴くさま。
3 漠然——無関心なさま。
4 徬徨焉、躑躅焉——うろうろしたり足踏みをしたりして、落ち着かないさま。
5 氄——うぶ毛。
6 欣然——よろこぶさま。
7 居然——やすらかなさま。

【文章Ⅱ】

昔、漢ノ明(注1)徳馬后ニ無シレ子。顕(注2)宗取リ二他ノ人《じん》子《し》ヲ一、命ジテ養ハシメテレ之ヲ曰ハク、「B人子何必親生。但ダ恨ム二愛之不ルレ至ラ(c)耳ト一。」后遂ニ尽クシテレ心ヲ撫育シ、而シテ章帝モ亦タ恩(注3)性天至タリ。母子ノ慈孝、始終無シ二纖《せん》(注4)芥《かい》之間一。貍奴之事、(2)適有リレ契《かな》フ(d)焉。然《しか》ラバ則チC世之為二人親与一レ子、而有二不慈不孝者一、豈独愧二于古人一。亦タ愧《は》ヅル二此ノ異類ニ一(e)已。

(程敏政《ていびんせい》『篁墩文集《こうとんぶんしゅう》』による)

注

1 明徳馬后 —— 後漢の第二代明帝（顕宗）の皇后。第三代章帝の養母。

2 顕宗取二他人子一、命養レ之 —— 顕宗が他の妃《きさき》の子を引き取って、明徳馬后に養育を託したことをいう。

3 恩性天至 —— 親に対する愛情が、自然にそなわっていること。

4 無二纖芥之間一 —— わずかな隔たりさえないこと。

問1　傍線部(1)「承」・(2)「適」の意味として最も適当なものを、次の各群の①～⑤のうちから、それぞれ一つずつ選べ。

(1)「承」
① 授けた
② 認識した
③ 納得した
④ 差し出した
⑤ 受け入れた

(2)「適」
① ゆくゆく
② わずかに
③ ちょうど
④ ほとんど
⑤ かならず

(1)	(2)

問2　二重傍線部(ア)「将」・(イ)「自」と同じ読み方をするものを、次の各群の①〜⑤のうちから、それぞれ一つずつ選べ。

(ア)「将」
① 当
② 盍
③ 応
④ 且
⑤ 須

(イ)「自」
① 如
② 以
③ 毎
④ 従
⑤ 雖

(ア)	(イ)

問3　波線部(a)「矣」・(b)「也」・(c)「耳」・(d)「焉」・(e)「已」の説明の組合せとして最も適当なものを、次の①～⑤のうちから一つ選べ。

① (a)「矣」は「かな」と読み、詠嘆の意味を添え、(b)「也」は「なり」と読み、断定の意味を添える。
② (a)「矣」は「かな」と読み、感動の意味を添え、(e)「已」は「のみ」と読み、限定の意味を添える。
③ (b)「也」は「なり」と読み、伝聞の意味を添え、(c)「耳」は「のみ」と読み、限定の意味を添える。
④ (c)「耳」は「のみ」と読み、限定の意味を添え、(d)「焉」は文末の置き字で、断定の意味を添える。
⑤ (d)「焉」は文末の置き字で、意志の意味を添え、(e)「已」は「のみ」と読み、限定の意味を添える。

□

問4　傍線部A「吁、亦異哉」とあるが、筆者がそのように述べる理由の説明として最も適当なものを、次の①〜⑤のうちから一つ選べ。

① 子猫たちと出会った時は「嗚嗚然」としていた老猫が、「欣然」と子猫たちと戯れる姿を見せるようになったため。
② 互いに「漠然」として親子であることを忘れていた猫たちが、最後には「居然」と本来の関係をとりもどしたため。
③ 老猫と出会った初めは「漠然」としていた子猫たちが、ついには「欣然」と老猫のことを慕うようになったため。
④ 子猫たちが「居然」として老猫になつき、老猫も「嗚嗚然」たる深い悲しみを乗り越えることができたため。
⑤ 子猫たちが「欣然」と戯れる一方で、老猫は「居然」たるさまを装いながらも深い悲しみを隠しきれずにいるため。

□

問5　傍線部B「人子何必親生」の解釈として最も適当なものを、次の①～⑤のうちから一つ選べ。

① 子というものは、いつまでも親元にいるべきではない。
② 子というものは、必ずしも親の思い通りにはならない。
③ 子というものは、どのようにして育ててゆけば良いのか。
④ 子というものは、自分で産んだかどうかが大事なのではない。
⑤ 子というものは、いつまでも親の気を引きたいものだ。

□

問6 傍線部C「世之為二人親与レ子、而有二不慈不孝者一、豈独愧二于古人一」の書き下し文として最も適当なものを、次の①～⑤のうちから一つ選べ。

① 世の人親《じんしん》と子との為にして、不慈不孝なる者有るは、豈に独り古人のみを愧《は》づかしめんや

② 世の人親の子に与ふと為すも、不慈不孝なる者有るは、豈に独り古人に愧づるのみならんや

③ 世の人親の子に与ふるが為に、不慈不孝なる者有るは、豈に独り古人のみを愧づかしめんや

④ 世の人親と子との為にするも、不慈不孝なる者有るは、豈に独り古人のみを愧づかしめんや

⑤ 世の人親と子と為りて、不慈不孝なる者有るは、豈に独り古人に愧づるのみならんや

問7　【文章Ⅰ】【文章Ⅱ】を通して読み取れる筆者の考えの説明として最も適当なものを、次の①～⑤のうちから一つ選べ。

① 猫の親子でも家族の危機を乗り越え、たくましく生きている。悲嘆のあまり人間本来の姿を見失った親子も、古人が言うように互いの愛情によって立ち直ると信じたいものだ。

② 血のつながらない猫同士でさえ実の親子ほどに強く結ばれることがある。人でありながら互いに愛情を抱きあえない親子がいることは、古人はおろか猫の例にも及ばないほど嘆かわしいものだ。

③ 子猫たちとの心あたたまる交流によっても、ついに老猫の悲しみは癒やされることはなかった。我が子を思う親の愛情は、古人が示したように何にもたとえようがないほど深いものだ。

④ 老猫は子猫たちを憐《あわ》れんで献身的に養育し、子猫たちも心から老猫になつく。その一方で、古人のように素直になれず、愛情がすれ違う昨今の親子を見ると、誠にいたたまれなくなるものだ。

⑤ もらわれてきた子猫でさえ老猫に対して孝心を抱く。これに反して、成長しても肉親の愛情に恩義を感じない子がいることは、古人に顔向けできないほど恥ずかしいものだ。

□

（センター本試験　改）

9 『野《や》鴻《こう》詩《し》的《てき》』・「蛍《けい》火《か》」

本冊（解答・解説） p.92

◆次の【問題文Ⅰ】【問題文Ⅱ】を読んで、後の問い（問1〜7）に答えよ。（設問の都合で送り仮名を省いたところがある。）（配点 50）

【問題文Ⅰ】

世(注1)之学ブ者、(1)動モスレバ以テ二杜《と》(注2)詩ヲ一為シ二難解ト一、不二肯ヘテ一タビモ過《とほ》サレ目ヲ。所ノ二咿《い》(注3)唔《が》スル一者ハ、非ザレバ二宋《そう》(注4)・明《みん》ニ一即チ晩唐ナリ。A詎《なん》ゾ知ランヤ、薫《くん》(注5)染《せん》スルコト既ニ深ク、後雖モレ欲スレ進マント二乎杜ニ一、也《ま》タ可キカヲレ得乎。説ク(注6)者謂フ、学ブ者ハ当ニ二登ルニレ高キニ自リスレ卑《ひく》キ、不トレ可カラ二躐《れふ》(注7)等《とう》ス一。此ノ言近クシテレ

(2) 是ニ而非ナルハ、道ニ有ルガレ不ルレ同ジカラ故也。如シ上ルニ二泰《たい》(注8)山《ざん》ニ一由リテ二梁《りやう》(注9)父《ほ》ニ一而登ラバ、此レヲ之レ謂フレ自リストレ卑キ。若シ歴ヘテ二鳧《ふ》(注10)・繹《えき》ヲ一而冀《ねが》ハバレ造《いた》ラント(注11)二日観之巓《いただき》ニ一、跡《たづ》ヌルコトレ之ヲ愈《いよいよ》労《くる》シク、去ルコトレ之ヲ愈遠シ矣。

B 然則学レ杜者当二何如一而可。余曰ハク、検《けみ》シ三杜之五律ノ(注12)中《うち》浅近ニシテ易明ナル者、如キヲ二「天河」「蛍《けい》火《くわ》」「初月」「画《ゑが》クレ鷹《たか》ヲ」「端午ニ賜《たまは》ルノレ衣ヲ」詠《えい》物《ぶつ》等ノ篇ノ一、反復尋《じん》(注13)繹《えき》セバ、心目自《おのづか》ラ明ラカニシテ、門戸ニテ不ルレ患《わづら》ハ三其ノ不ルヲ二望見セ一也。

C 由《よ》リシテレ此而進マバ、歴テレ階《かい》ヲ升《のぼ》ルコトレ堂ニ、殆《ほとん》ド有ランレ期矣。

（黄《こう》子《し》雲《うん》『野《や》鴻《こう》詩《し》的《てき》』による）

注

1 世之学者——近ごろの、学問・文芸を修めようとする人。
2 杜詩——唐代の詩人、杜甫《とほ》の詩。唐代の詩は、初唐・盛唐・中唐・晩唐の四つの時期に区分され、杜甫は盛唐の詩人。
3 呻哦——吟詠する。朗唱する。
4 宋・明——ここでは、宋代・明代の詩を指す。
5 薫染——影響を受けること。
6 説者——説を述べる人。論者。
7 躐等——段階を飛び越えること。
8 泰山——山東省にある名山。
9 梁父——泰山の麓《ふもと》にある低い山。
10 鳧・繹——鳧山と繹山。ともに泰山から見て遥《はる》か南にある低い山。
11 日観——日観峰。泰山の最も高い峰の一つ。
12 五律——五言律詩。なお、「天河」より「端午賜レ衣」までは、杜甫の「詠物」詩（具体的な物を詠じた詩）の作品名。
13 尋繹——探究する。

【問題文Ⅱ】

蛍火

蛍の光

幸《もと》ヨリ因《よ》リ二腐草ニ一出ヅ
敢ヘテ近ヅキテ二太陽ニ一 [X]
未ダ ルモレ足ラレ臨ムニ二書巻ニ一
時ニ能ク点《てん》ズニ二客衣ニ一
随《したが》ヒテレ風ニ隔テテレ幔《とばり》ヲ小サク
帯ビテレ雨ヲ傍《そ》ヒテレ林ニ微《かす》カナリ
十月清霜重シ
飄《へう》零《れい》シテ何《いづ》レノ処ニカ帰《き》スル

蛍はもともと腐敗した草から生まれ出るもの、
どうして太陽などに向かって [Y] 。
ほのかな光は書物を読むには役立たないが、
時には旅人である私の衣にとまり光を灯《とも》す。
風に乗ってとばりの向こうに飛んでいっては小さく見え、
雨にぬれて林の方へ向かっていってはかすかな光を発する。
冬十月の冷たい霜も繁《しげ》くなるころ、
衰え弱ってどこに行くのだろうか。

問1　傍線部(1)「動」・(2)「是」の意味として最も適当なものを、次の各群の①～⑤のうちから、それぞれ一つずつ選べ。

(1)「動」
① いきなり
② みだりに
③ いやしくも
④ とかく
⑤ まれに

(2)「是」
① このこと
② 似ていること
③ 離れていること
④ あらゆること
⑤ 正しいこと

(1)	(2)

問2　傍線部A「詎知、薫染既深、後雖レ欲レ進二乎杜一、也可レ得乎」の解釈として最も適当なものを、次の①〜⑤のうちから一つ選べ。

① 詩を学ぶ者は、宋代・明代の詩や晩唐の詩の影響をすでに色濃く受けていることを知っているので、のちに自分から杜詩を学ぼうとはしないのだ。

② 詩を学ぶ者は、宋代・明代の詩や晩唐の詩の影響をすでに色濃く受けてはいても、のちに杜詩を学べばまた得るところがあるのを知らないのだ。

③ 詩を学ぶ者は、宋代・明代の詩や晩唐の詩の影響をすでに色濃く受けてしまっているが、のちに杜詩を学ぼうとするのに何の妨げもないことを知らないのだ。

④ 詩を学ぶ者は、宋代・明代の詩や晩唐の詩の影響をすでに色濃く受けてしまっていることを知らないので、のちに杜詩を学ぼうとしても、もはや得るところはないのだ。

⑤ 詩を学ぶ者は、宋代・明代の詩や晩唐の詩の影響をすでに色濃く受けてしまっているので、のちに杜詩を学ぼうとしても、もはやできなくなっていることを知らないのだ。

問3 【問題文Ⅰ】の第二段落で、筆者は詩を学ぶことを山に登ることに喩《たと》えているが、それぞれの対象として挙げられているものの対応関係を次のような表にまとめた場合、空欄Ⅰ～Ⅲに入るべき語の組合せとして最も適当なものを、後の①～⑤のうちから一つ選べ。

Ⅰ	Ⅱ	Ⅲ
杜詩	杜詩の中の「天河」「蛍火」「初月」「画㆑鷹」「端午賜㆑衣」などの作品	宋・明・晩唐の詩

① Ⅰ 梁父　Ⅱ 嵬・繹　Ⅲ 泰山

② Ⅰ 嵬・繹　Ⅱ 梁父　Ⅲ 泰山

③ Ⅰ 泰山　Ⅱ 梁父　Ⅲ 嵬・繹

④ Ⅰ 梁父　Ⅱ 泰山　Ⅲ 嵬・繹

⑤ Ⅰ 泰山　Ⅱ 嵬・繹　Ⅲ 梁父

問4　傍線部B「然則学レ杜者当二何如一而可」について、(i)書き下し文・(ii)その解釈として最も適当なものを、次の各群の①～⑤のうちから、それぞれ一つずつ選べ。

(i)　書き下し文

①　然らば則ち杜を学ぶ者は何れのごときに当たらば而《すなは》ち可ならんや

②　然らば則ち杜を学ぶ者は当に何如ぞ而ち可とせんや

③　然らば則ち杜を学ぶ者は当に何れのごとくにすべくんば而ち可なり

④　然らば則ち杜を学ぶ者は当に何如なるべくんば而ち可なるか

⑤　然らば則ち杜を学ぶ者は何如に当たりて而ち可ならんか

(ii)　解釈

①　それならば、杜詩を学ぶ者はいったいどのようであればいいのであろうか。

②　そうではあるが、杜詩を学ぶ者はどうしたらいいのかわかっているのであろうか。

③　それならば、杜詩を学ぶ者はどのようなときに対処できるのであろうか。

④　そうではあるが、杜詩を学ぶ者は本当にどのようなことも可能になるのだ。

⑤　さもなければ、杜詩を学ぶ者はどのようなときにも実力を発揮できないのではないか。

(i)	(ii)

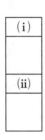

問5　**【問題文Ⅱ】の空欄X・Yに入るものの組合せとして最も適当なものを、次の①～⑤のうちから一つ選べ。**

①　X　消《ユル》　　Y　消えてゆくのか
②　X　光《ル》　　Y　光っているのか
③　X　飛《バンヤ》　　Y　飛んだりしようか
④　X　鳴《カンヤ》　　Y　鳴いたりしようか
⑤　X　死《スル》　　Y　死んでゆくのか

問6　**【問題文Ⅱ】は、波線部「杜之五律」の一例として挙げられた「蛍火」の詩とその現代語訳である。【問題文Ⅰ】の主旨を踏まえたこの詩の解説として最も適当なものを、次の①～⑤のうちから一つ選べ。**

①　この詩は、蛍が人間の幸福になにも寄与しないことを批判的に描写しており、そこに作者の自らへの戒めとする態度が読み取れる。このような、身近な題材を用いつつ表現意図が明確に示された詩を学ぶことが、難解な詩を理解する基礎となる。

②この詩は、蛍が人々にとって身近な存在であることを修辞を凝らして描写しており、そこに作者自身のあこがれも表現されている。このような、身近な題材を用いつつすぐれた技巧が生きている詩を学ぶことが、難解な詩を理解する基礎となる。

③この詩は、蛍が生まれた所に戻ろうとしない無情なさまを客観的に描写しており、そこに作者の望郷の思いが図らずも浮き彫りにされている。このような、身近な題材を用いつつ叙情性も備えた詩を学ぶことが、難解な詩を理解する基礎となる。

④この詩は、蛍のか弱い生態を様々な角度から同情的に描写しており、そこに作者自身の消極的な人生態度も自然に吐露されている。このような、身近な題材を用いつつ複雑な情緒を表現している詩を学ぶことが、難解な詩を理解する基礎となる。

⑤この詩は、蛍の寄る辺なくさまようさまを多様な角度から描写しており、そこに作者自身の旅人としての姿も投影されている。このような、身近な題材を用いつつ平易でかつ内容に奥行きのある詩を学ぶことが、難解な詩を理解する基礎となる。

□

問7　傍線部C「由レ此而進、歴レ階升レ堂、殆有レ期矣」からうかがわれる筆者の主張を説明したものとして最も適当なものを、次の①～⑤のうちから一つ選べ。

① 山に登る場合、下から一歩ずつ着実に登ることが大切だが、学問・文芸を修めようとする場合も、この原則を守れば高度な作品を避けて始めたとしても順調に上達し、いずれすぐれた境地に達するときがくるのだ。

② 山も登る対象を誤ると高い頂上にたどり着けなくなるので、学問・文芸を修めようとする場合も、人々から注目されている分野を選んで着実に始めれば順調に上達し、いずれすぐれた境地に達するときがくるのだ。

③ 山にもさまざまな高さのものがあるように、学問・文芸を修めようとする場合も、どれを対象として選択してもよく、初歩から一歩ずつ着実に始めれば順調に上達し、いずれすぐれた境地に達するときがくるのだ。

④ 山に登る場合も学問・文芸を修めようとする場合も、選ぶ対象が重要であって、どちらも高い目標を選択して、その低いところから着実に進み始めてこそ順調に上達し、いずれすぐれた境地に達するときがくるのだ。

⑤ 山の頂上にたどり着くにはなるべく安全な道を選ぶべきで、学問・文芸を修めようとする場合も、同様に基礎的でわかりやすい内容のものから始めれば順調に上達し、いずれすぐれた境地に達するときがくるのだ。

（センター本試験　改）

10 『千《せん》百《ひゃく》年《ねん》眼《がん》』

本冊（解答・解説）
p.102

◆次の【文章Ⅰ】【文章Ⅱ】は、いずれも、同じ書物の一節である。これらを読んで、後の問い（問1〜6）に答えよ。（設問の都合で送り仮名を省いたところがある。）（配点 50）

【文章Ⅰ】

鮑《はう》(注1)叔《しゆく》固《もと》ヨリ已ニ識ル二管(注2)仲ヲ於微(注3)ナリシ時ニ一。仲相タルハレ齊ニ、叔薦ムレバレ之ヲ也。

仲既ニ相タリテ、内ニ修メ二政事ヲ一、外ニ連ヌ二諸侯ヲ一。桓《くわん》(注4)公《こう》毎《つね》ニ(a)質二之ヲ鮑叔ニ一。

鮑叔曰ハク「公必ズ行ヘ二夷《い》(注5)吾《ご》之言ヲ一。」A叔不二惟ダニ薦ムルノミナラレ仲ヲ、又能ク左二

右スルコト之ヲ一如シレ此クノ。真ニ知己也。

及《ビ》仲寝《ヌルニ》疾《ニ》、桓公諏《はかルニ》以《テシ》政柄《ノ》(ア)所《ヲ》属《しょくスル》、B且問《フ》鮑叔之

(イ)為《リヲ》人《ト》。対《ヘテ》曰《ハク》、「鮑叔《ハ》君子也。千乗(注6)之国《モ》、不《レバ》以《テセ》其道《ヲ》、予《あたフルモ》

之不《ル》受《ケ》也。雖《モ》然《リト》、其《ノ》為《リハ》人《ト》好《ミテ》善《ヲ》而悪《にくムコト》悪《ヲ》已甚《はなはだシク》、見《レバ》一

悪《ヲ》、終身不忘《レ》、C不《ト》可《カラ》以《テ》為《ス》政《ヲ》。」仲不幾《ほとんど》(b)負叔《ニ》乎《や》。不《ル》知《ラ》

此《レ》正《ニ》所以《ゆゑんナルヲ》護《まもリテ》鮑叔之短《ヲ》而保《ツ》鮑叔之令名《ヲ》也。D叔

之知《ルハ》仲《ヲ》世知《ルモ》之《ヲ》、孰《カ》知《ラン》仲之知《ル》叔《ヲ》之深《キコト》如《キヲ》是《クノ》耶《や》。

10

『千百年眼』

注

1 鮑叔 ―― 春秋時代の斉の重臣。管仲との交友関係は「管鮑の交わり」として知られる。
2 管仲 ―― 斉の宰相。
3 微時 ―― 身分の低いとき。
4 桓公 ―― 斉の君主。
5 夷吾 ―― 管仲のこと。
6 千乗之国 ―― 兵車千両を出すことのできる大国。

【文章Ⅱ】

曹(注1)参微ナリシ時、与二蕭(注2)《せう》何《か》一善シ。及ビ三何ノ為ルニ二宰相一ト、与レ参隙(注3)《げき》アリ。何且ニレ死セントスルヤ推スニレ賢ヲ惟ダ参ノミ。参聞キテ亦趣《すみ》ヤカニ治(注4)メレ行ヲ、「吾且ニ二入リテ相タラント一」。使者果タシテ召スレ参ヲ。参又属セラルルヤ二其ノ後相ヲ一、悉ク遵《したが》ヒテ二何ノ約(注5)束ニ一、無シレ所二変更スル一。此ノ二人ノ事、与二管鮑一相反スルモ、而実ハ相類ス。

（張燧《ちょうすい》『千百年眼』による）

注

1 曹参——前漢の第二代宰相。
2 蕭何——前漢の初代宰相。
3 隙——すきま。仲たがい。
4 治レ行——旅行の支度をする。
5 約束——とりきめ。法令。

問1　波線部(a)「質」・(b)「負」の読み方として最も適当なものを、次の各群の①～⑤のうちから、それぞれ一つずつ選べ。

(a)「質」
① すすむ
② あたふ
③ ちかふ
④ ただす
⑤ せむ

(b)「負」
① そむか
② まけ
③ おは
④ たのま
⑤ にくま

(a)
(b)

問2　傍線部(ア)「政柄」・(イ)「為レ人」の意味として最も適当なものを、次の各群の①〜⑤のうちから、それぞれ一つずつ選べ。

(ア)「政柄」
① 政局の行方
② 政界の利権
③ 政権の委譲
④ 政治の実権
⑤ 政策の是非

(イ)「為レ人」
① 評判
② 実績
③ 習癖
④ 短所
⑤ 性格

(ア)
(イ)

問3　**傍線部A「叔不二惟薦一レ仲、又能左二-右之一如レ此」・B「不レ以二其道一予レ之不レ受也」の解釈として最も適当なものを、次の各群の①～⑤のうちから、それぞれ一つずつ選べ。**

A　叔不二惟薦一レ仲、又能左二-右之一如レ此

① 鮑叔は管仲を宰相に推薦しただけでは心配で、このように自らもまた桓公を通じて政治に関与していたのである。

② 鮑叔が管仲を宰相に推薦しただけではなく、このように管仲もまた鮑叔のことを気づかうことができたのである。

③ 鮑叔は管仲を宰相に推薦しただけでは心配で、このように管仲が道を踏みはずさぬように導いてもいたのである。

④ 鮑叔が管仲を宰相に推薦しただけではなく、このように管仲もまた鮑叔と権力をわけあうことができたのである。

⑤ 鮑叔は管仲を宰相に推薦しただけではなく、このように見えないところでうまく管仲を補佐してもいたのである。

B 不レ以二其道一、予レ之不レ受也

① 経緯を明らかにしなくては、与えたものですら受け取らない。
② 規範を示さなければ、与えたものを受け取る気を起こさない。
③ 大義がなければ、与えたところで受け取ろうとはしない。
④ 主義に合致していなければ、与えても受け取るすべを知らない。
⑤ 方法を知らないままでは、与えたものを受け取ろうとしない。

A
B

問4　傍線部C「不レ可二以為一レ政」とあるが、管仲はなぜそう言ったのか。その理由として最も適当なものを、次の①～⑤のうちから一つ選べ。

① 鮑叔は好き嫌いが激しく、度量が小さいから。
② 鮑叔は不正を嫌うあまり、融通がきかないから。
③ 鮑叔は行動を慎みすぎて、積極性に乏しいから。
④ 鮑叔は名誉を求めるのに急で、忍耐力に欠けるから。
⑤ 鮑叔は過去にとらわれて、革新的でないから。

問5　傍線部D「叔之知レ仲世知レ之、孰知二仲之知レ叔之深如レ是耶」とあるが、筆者の主張を説明したものとして最も適当なものを、次の①～⑤のうちから一つ選べ。

① 管仲と鮑叔の友情は世によく知られているけれども、政治に不向きであるという鮑叔の短所を長所に変えるすべを、管仲が桓公に伝えていたということまでは知られていない。

② 管仲と鮑叔の友情は世によく知られているけれども、鮑叔が不向きな政治にかかわって彼の功績を傷つけることのないよう、管仲が配慮していたことまでは知られていない。

③ 管仲と鮑叔の友情は世によく知られているけれども、千乗の国を治めうるほどの鮑叔の才能を管仲がねたんで、後継者として鮑叔を推薦しなかったことまでは知られていない。

④ 管仲と鮑叔の友情は世によく知られているけれども、管仲が鮑叔の短所を補って、彼の立場が悪くならないようにつねづね配慮していたということまでは知られていない。

⑤ 管仲と鮑叔の友情は世によく知られているけれども、管仲が鮑叔の長所を熟知したうえで、宰相の選任という国家の大事に適切に対処したことまでは知られていない。

問6 【文章Ⅰ】の管仲・鮑叔、【文章Ⅱ】の曹参・蕭何について、筆者が言いたいことの説明として最も適当なものを、次の①〜⑤のうちから一つ選べ。

① 【文章Ⅱ】で、曹参が蕭何の死後に対処しようとしたことと、【文章Ⅰ】で、鮑叔が管仲の死後までを考慮していなかったこととは、まるで正反対のようではあるが、ともに友人を心配する気持ちが強かった点では同じであるということ。

② 【文章Ⅱ】で、蕭何が曹参に宰相の座を譲ったことと、【文章Ⅰ】で、管仲が宰相の座に執着したこととは、まるで正反対のようではあるが、ともに後継者選びが国家の未来を決定する重大事だと考えた点では同じであるということ。

③ 【文章Ⅱ】で、蕭何が後継者に曹参を指名したことと、【文章Ⅰ】で、管仲が鮑叔を宰相に推薦しなかったこととは、まるで正反対のようではあるが、ともに親友に対する深い理解に基づくものだった点では同じであるということ。

④ 【文章Ⅱ】で、曹参と蕭何が仲たがいをしていたことと、【文章Ⅰ】で、管仲が鮑叔から常に恩義を受けていたこととは、まるで正反対のようではあるが、ともに相手への深い友情によるものだった点では同じであるということ。

⑤ 【文章Ⅱ】で、曹参が蕭何の推薦を得て後継者になれたことと、【文章Ⅰ】で、鮑叔が管仲の後継者になれなかったこととは、まるで正反対のようではあるが、ともに国家の将来にとってよい人事であった点では同

じであるということ。

（センター本試験　改）

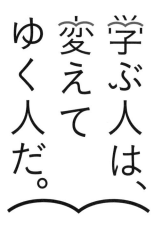

大学入試

全レベル問題集
漢　文

三羽邦美 著

2 共通テストレベル

はじめに

「漢文」は、中国の古文です。日本の古文だって苦労しているのに、どうして二十一世紀にそんなものを勉強しなければならないのかと、不平の一つもこぼしたい人もいるでしょう。

ただ、日本人は、昔から中国の古典に親しみ、そこからたくさんのことを学んだり、楽しんだりしてきました。恋愛中心の日本の古典に比べて、『論語』『孟子』『老子』『荘子』『韓非子』などにはいい言葉がたくさんありますし、『史記』『三国志』『十八史略』などの歴史の本には面白い話がたくさんあり、杜甫や李白や白居易などの詩には味わい深いものがたくさんあります。と、まあ、「漢文」はなかなか面白いのですが、この本は問題集ですから、そこはすべて無視しましょう。

受験に必要である以上、点が取れるようになることが目標です。幸い、「漢文」は何が問われているのか、何をとっかかりにして問題を解けばいいのかがわかりやすい問題が多く、準備しなければならない勉強の量も比較的少ない科目です。まずは「基礎レベル」を復習して、必要に応じて、「共通テストレベル」「私大・国公立大レベル」に進みましょう。これだけやりきれば、「漢文」はきっと得点源になります。

三羽邦美

目次

編集協力 —— ㈱友人社／渡井由紀子／木村千春
校正 —— ㈱研文社／荒明哲子／加藤陽子／福岡千穂／山本咲子
装丁デザイン —— ㈱ライトパブリシティ
本文デザイン —— イイタカデザイン
別冊48ページ 狩野探幽画「太公望釣浜図」
所蔵：公益財団法人アルカンシエール美術財団／原六郎コレクション

「全レベル問題集　漢文」シリーズの特長

本シリーズは、レベル別の3巻構成で、目指すレベルに合った入試対策ができる問題集です。自分の目標とするレベルを選んで効率的に学習することができます。また、①基礎レベルからステップアップすれば、基本知識の確認からはじめて、段階的に漢文の力を身につけられます。

問題（別冊）
大学入試の過去問から、それぞれのレベルに適した良問を精選しています。基礎力から直前期の実戦力まで、レベルに合わせた力を養います。

解答・解説（本冊）
「何が問われているのか」の着眼ポイントを示したわかりやすい解説で、効果的な学習ができます。また、句法などの重要事項をまとめて示していますので、関連知識をあわせて確認でき、着実に力がつきます。

①基礎レベル……基礎編・演習編の二部構成。基礎編はオリジナル練習問題。演習編はセンター試験の過去問等7題掲載。
②共通テストレベル……共通テスト・センター試験の過去問等10題掲載。
③私大・国公立大レベル……私立大6題、国立大8題の過去問を掲載。

志望校と「全レベル問題集　漢文」シリーズのレベル対応表

本書のレベル	各レベルの該当大学　※掲載の大学名は購入していただく際の目安です。
① 基礎レベル	高校基礎～大学受験準備
② 共通テストレベル	共通テストレベル
③ 私大・国公立大レベル	［私立大学］学習院大学・法政大学・明治大学・中央大学・上智大学・早稲田大学・南山大学・立命館大学　他 ［国公立大学］北海道大学・東北大学・東京大学・名古屋大学・大阪大学・神戸大学・広島大学・九州大学　他

本書の特長

②共通テストレベルは、共通テスト・センター試験の過去問の良問10題を精選して掲載しています。

解答・解説

解答
答え合わせがしやすいよう、項目ごとに、最初にまとめて示しています。

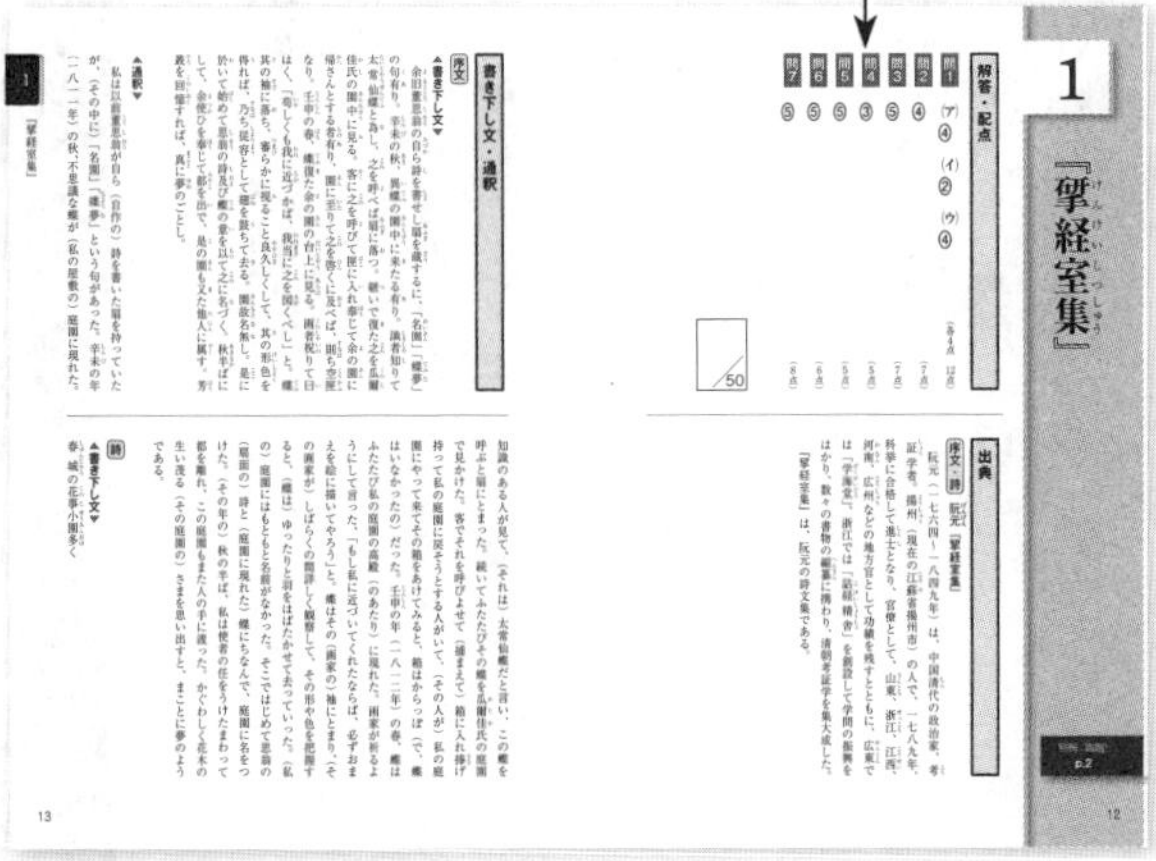

解答・解説

重要事項のまとめ
「句法」などの重要な基本ルールが確認できるので、応用力が身につきます。

着眼ポイント
解法の着眼点を、すべての設問につけました。「何が問われているのか」を把握して、解答を考えるよう心がけましょう。

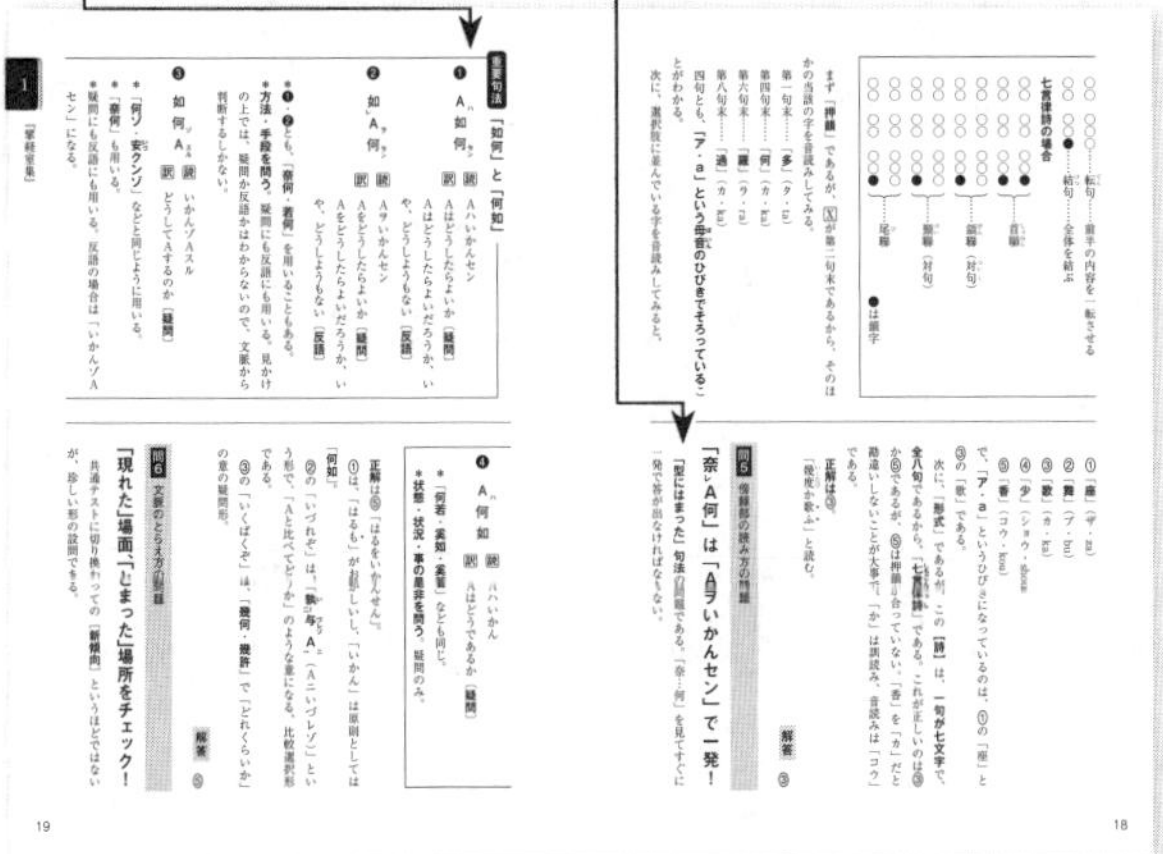

共通テスト　漢文の傾向と対策

複数の素材の出題に新傾向！

入試センターが、センター試験から共通テストへの移行にあたって予め示したポイントは、主に次の三点であった。

1、近代以降の文章（現代文）に、**実用的文章**を出題する可能性がある。

2、**複数の素材**を組合せた出題もある。

3、**言語活動の過程**を重視する。（生徒のレポート・授業中のディベート・生徒および教師の会話・ノートなど）

これは「思考力・判断力・表現力を発揮して解くことが求められる問題を重視する」という問題作成方針に沿ったものであるが、本来検討されていた大問1の記述問題の導入が廃され、結局すべてマークシート方式に回帰し、とくに古文・漢文に関しては、長年続いていた**センター試験と大差ない**ものとなった。

複数の素材であろうと、生徒の会話形式の設問があろうと、それはあくまで見かけ上の新傾向にすぎない。

読解力・解答力の土台は「句法」の力！

素材が複数であっても、設問形式に見慣れない図・表・会話などがあっても、要は、**与えられている問題文が読解できるかどうか**が勝負である。

漢文の読解力・解答力の土台は、「**句法**」に尽きる。**返り点**をたどるスピード、読まない「**置き字**」や、一字を二度読む「**再読文字**」、「**否定**（二重否定・部分否定・不可能・禁止）」「**疑問**」「**反語**」「**使役**」「**受身**」「**比較・選択**」「**抑揚・累加**」「**仮定**」「**限定**」「**願望**」「**比況**」「**詠嘆**」などと聞いて、それぞれの「型」が思い浮かぶだろうか。

プラス、「与」「為」「已」など、用法の多い「**同字異訓**」や、「すなはち」「つひに」など、同じ読み方にたくさんのあてはまる字がある「**同訓異字**」、「是以（ここをもつて）」や「於是（ここにおいて）」などの**接続語**、「故人・左右・寡人」などのいくらかの**重要単語**、これらの「知識」を身に付けることが肝要である。

「知識」で解けそうな答を絞る！

マーク式（選択肢型）の問題は、答を**「見つければいい」**のである。

漢文の問題は、傍線部が何を問おうとしているかが見えやすい問題がたいへん多い。よって、問題を見渡して、まず、「句法」や「漢字の用法・読み方」などの**「知識」**で答を絞れそうな問題がないかチェックする。

「知識」で絞る問題には、次のようなものがある。

- **A 漢字の読み方の問題**
- **B 漢字の字義（意味）、語の意味の問題**
- **C 送り仮名のない傍線部の読み方（書き下し文）の問題**
- **D 返り点の付け方と書き下し文の組合せの問題**
- **E 傍線部の解釈（あるいは、書き下し文と解釈の組合せ）の問題**
- **F 漢詩のきまり（押韻・形式）の問題**

「知識」一発で答が出るケースもまれにあるが、とにか**く絞り込むスピード**が大切である。

「文脈」の中に「解答の根拠」を探す！

「知識」系の問題でも、絞り込んだあとは、「文脈（話の流れ）」を考えて答を見つけることになるが、次のような説明問題は、**「文脈」**の中に**「解答の根拠」**を探し、そこと、並べてある選択肢との合致をはかる作業になる。

「文脈」系の問題には、次のようなものがある。

- **G 内容説明（「…はどういうことを言っているのか」タイプ）の問題**
- **H 理由説明（「…はなぜか」タイプ）の問題**
- **I 心情説明の問題**
- **J 趣旨説明（「…はどういうことを言いたいのか」タイプ）の問題**
- **K 問題文全体との内容合致問題**
- **L その他、「主語（動作の主体）」、「比喩の内容」、「指示語の内容」などの判断の問題**

出題者は、なぜその選択肢が正解なのかを、問題文の中の根拠を示して説明できる問題しか作らない。その**「解答の根拠」を見つけるスピード**が肝要である。

「理由」や「心情」は自分で言っている！

漢文の問題文は、それほど長くない。

「解答の根拠」も、設問の傍線部の直前や、ごく近いところにあることがほとんどである。

内容説明問題は、「傍線部はどのようなことを言っているのか」であるから、傍線部の解釈が前提である。

理由説明・心情説明問題は、傍線部の近くに「根拠」を探すのであるが、いずれも、本人が自分で言っていることが多い。

理由説明の場合、次のような、**理由を表す語**に留意したい。

a.「**故**（ゆゑニ）」「**是以**（ここヲもつテ）」は「だから・それゆえ」→理由は前にある。

b.「**已然形＋バ**」は「…ので。…から」→理由は「…」の部分（「バ」の前）にある。

c.**送り仮名「…ナレバナリ」**は「…だからである」→理由は「…」の部分（「…ナレバナリ」の前）にある。

d.「**何則（なんトナレバすなはチ）**」は「なぜならば」→理由は後にある。

様々なポイントに目配りを！

「理由」にかかわる表現や、「心情」を探るための、会話文の「　」や、心中思惟《しい》（心話文）への着眼などに加えて、解答してゆく上での様々な注意点がある。

漢文に頻出する「対句」や対比・対置に注意！

書き下しや解釈の問題に「対句」がヒントになっていることは多い。また論理的文章の文脈・主旨をとらえる上で、「対比」的構成がポイントになることも多い。

（注）や「前書き」にヒントがあることもある！

とくに、長めの（注）や、漢文では、古文ほど前書きが長いことはまれであるが、しっかり長めの「前書き」で本文に入る状況が説明されている場合は注意を払っておきたい。

選択肢に「配分」がある場合に注意！

選択肢が①～⑤の五択であれば、**3対2**か、**2対2対1**、①～⑥の六択であれば、**3対3**か、**2対2対2**の「配分」が、選択肢の冒頭や、前半部、後半部などにあることがある。3対2の3のほうか、2のほうか、2対2対1の（1の可能性は小さいだろうから）どちらの2のほうか、それを絞っておけると、あとの判断がスピードアップできる。

すべて、選択肢のキズによる消去法！

マークシート式（選択肢型）の問題は、すべて、選択肢と問題文との「**内容合致**」問題であると言ってよい。

選択肢に書いてあることが、問題文のどこにあったかをチェックして、「**キズ**」を見つけて、違うものを「**消去**」する。

「**キズ**」とは、

> a．**問題文に書いてないことがあるキズ**
> b．近いことが問題文にあるが、**ズレている**（言い過ぎている・言い足りない）**キズ**
> c．書かれていることが常識的におかしかったり、逆に（儒家的な考え方のような）いいことが書かれているが、**本文にはそのような記述がないキズ**

など、要するに、問題文に述べられていることとは「違っている」部分ということである。

この「**消去法**」と呼ばれるやり方は、誰もが無意識にやっているのであるが、最も安全なアプローチの仕方である。

時間制限をして過去問の演習を！

共通テストは、センター試験とほとんど同じである。よって、共通テストに切りかわって浅く過去問が十分見られないうちは、センター試験時代の過去問をこなすことで、十分に対応できると言ってよい。

その場合、大切なのは、**臨場感をもって解く**ことである。できれば、現・現・古・漢で八十分でやってみることが望ましいが、漢文だけをやる場合は、**十五分**（スピードアップできるようになったら十分）をめざしたい。現・現・古ときて、漢文にさしかかった時点で、単純な割算どおり二十分残っていることは、なかなか難しい。

しっかり**時間制限**をしないで、ただ解いていても、意味がないことを肝に銘じたい。

さらに臨場感を高めるためには、各種、「**共通テスト模試**」にも、果敢に挑戦しよう！

1

『揅経室集《けんけいしつしゅう》』

別冊（問題）p.2

解答・配点

問1 (ア) ④ (イ) ② (ウ) ④ （各4点 12点）
問2 ④ （7点）
問3 ⑤ （7点）
問4 ③ （5点）
問5 ⑤ （5点）
問6 ⑤ （6点）
問7 ⑤ （8点）

/50

出典

序文・詩　阮元《げんげん》『揅経室集』

阮元（一七六四〜一八四九年）は、中国清《しん》代の政治家、考《こう》証《しょう》学者。揚州《ようしゅう》（現在の江蘇《こうそ》省揚州市）の人で、一七八九年、科挙に合格して進士《しんし》となり、官僚として、山東《さんとう》、浙江《せっこう》、江西《こうせい》、河南《かなん》、広州《こうしゅう》などの地方官として功績を残すとともに、広東《かんとん》では「学海堂《がくかいどう》」、浙江では「詁経精舎《こけいしょうじゃ》」を創設して学問の振興をはかり、数々の書物の編纂《へんさん》に携わり、清朝考証学を集大成した。『揅経室集』は、阮元の詩文集である。

書き下し文・通釈

序文

▲書き下し文▼

余旧董思翁《よもととうしをう》の自《みづか》ら詩《し》を書《しよ》せし扇《あふぎ》を蔵《ざう》するに、「名園《めいゑん》」「蝶夢《てふむ》」の句《く》有《あ》り。辛未《しんび》の秋《あき》、異蝶《いてふ》の園中《ゑんちゆう》に来《き》たる有《あ》り。識者《しきしや》知《し》りて太常仙蝶《たいじやうせんてふ》と為《な》し、之《これ》を呼《よ》べば扇《あふぎ》に落《お》つ。継《つ》いで復《ま》た之《これ》を瓜爾佳氏《くわじかし》の園中《ゑんちゆう》に見《み》る。客《かく》に之《これ》を呼《よ》びて匣《はこ》に入《い》れ奉《ほう》じて余《よ》の園《ゑん》に帰《かへ》さんとする者《もの》有《あ》り、園《ゑん》に至《いた》りて之《これ》を啓《ひら》くに及《およ》べば、則《すなは》ち空匣《くうかふ》なり。壬申《じんしん》の春《はる》、蝶《てふ》復《ま》た余《よ》の園《ゑん》の台上《だいじやう》に見《あらは》る。画者《ぐわしや》祝《いの》りて曰《い》はく、「苟《いや》しくも我《われ》に近《ちか》づかば、我当《われまさ》に之《これ》を図《ゑが》くべし」と。蝶《てふ》其《そ》の袖《そで》に落《お》ち、審《つまび》らかに視《み》ること良久《ややひさ》しくして、其《そ》の形色《けいしよく》を得《う》れば、乃《すなは》ち従容《しようよう》として翅《はね》を鼓《う》ちて去《さ》る。園故名無《ゑんもとなな》し。是《ここ》に於《お》いて始《はじ》めて思翁《しをう》の詩及《しおよ》び蝶《てふ》の意《い》を以《もつ》て之《これ》に名《な》づく。秋半《あきなか》ばにして、余使《よつか》ひを奉《ほう》じて都《みやこ》を出《い》で、是《こ》の園《ゑん》も又《ま》た他人《たにん》に属《ぞく》す。芳《はう》叢《そう》を回憶《くわいおく》すれば、真《まこと》に夢《ゆめ》のごとし。

▲通釈▼

私は以前董思翁《とうしおう》が自ら（自作の）詩を書いた扇を持っていたが、（その中に）「名園」「蝶夢《ちようむ》」という句があった。辛未《しんび》の年（一八一一年）の秋、不思議な蝶が（私の屋敷の）庭園に現れた。知識のある人が見て、（それは）太常仙蝶だと言い、この蝶を呼ぶと扇にとまった。続いてふたたびその蝶を瓜爾佳《かじか》氏の庭園で見かけた。客でそれを呼びよせて（捕まえて）箱に入れ捧《ささ》げ持って私の庭園に戻そうとする人がいて、（その人が）私の庭園にやって来てその箱をあけてみると、箱はからっぽ（で、蝶はいなかったの）だった。壬申《じんしん》の年（一八一二年）の春、蝶はふたたび私の庭園の高殿（のあたり）に現れた。画家が祈るようにして言った、「もし私に近づいてくれたならば、必ずおまえを絵に描いてやろう」と。蝶はその（画家の）袖にとまり、（その画家が）しばらくの間詳しく観察して、その形や色を把握すると、（蝶は）ゆったりと羽をはばたかせて去っていった。（私の）庭園にはもともと名前がなかった。そこではじめて思翁の（扇面の）詩と（庭園に現れた）蝶にちなんで、庭園に名をつけた。（その年の）秋の半ば、私は使者の任をうけたまわって都を離れ、この庭園もまた人の手に渡った。かぐわしく花木の生い茂る（その庭園の）さまを思い出すと、まことに夢のようである。

詩

▲書き下し文▼

春城《しゆんじやう》の花事《くわじ》小園《せうゑん》多《おほ》く

幾度《いくたび》か花《はな》を看《み》て幾度《いくたび》か歌《うた》ふ
花《はな》は我《わ》が為《ため》に開《ひら》きて我《われ》を留《とど》め住《とど》め
人《ひと》は春《はる》に随《したが》ひて去《さ》り春《はる》を奈何《いかん》せん
思翁《しをう》夢《ゆめ》は好《よ》くして書扇《しよせん》を遺《のこ》し
仙蝶《せんてふ》図《ず》成《な》りて袖羅《しうら》を染《そ》む
他日《たじつ》誰《た》が家《いへ》か還《ま》た竹《たけ》を種《う》ゑ
輿《こし》に坐《ざ》して子猷《しいう》の過《よぎ》るを許《ゆる》すべき

▲通釈▼

春の都城には花を愛《め》でながらめぐったりできる小さな庭園がたくさんあって、

いくたびも花を見てはいくたびも歌ったものだ

花は私のために咲いて、たびたび私の足をとどめるが、

人は春とともに去り、（過ぎゆく）春をどうすることもできない

思翁はよく蝶の夢を見て、（その詩を）書いた扇を残し、

仙蝶は絵になってあや絹の衣の袖を彩《いろど》っている

いつの日か（この庭園の持ち主になった）誰かがまた竹を植え、

輿《こし》に乗ったままの王子猷《おうしゆう》（のような人物）に（その竹を愛でさせて）通り過ぎさせるのだろうか

解説

問1　語の意味の問題

語義は訓読みできることが前提！

(ア)「**復**」は、「**まタ**」で、ズバリ、「**ふたたび**」である。

「まタ」は、ほかに「**又・亦・還**」があるが、それほど厳密な使い分けがされているわけではない。この場合、「まタ」と読めれば問題ないが、文脈（話の流れ）から見ても、「異蝶《いてふ》」を、まず、自分の「園中《あんちゅう》」で見、「継《つ》いで」ふたたび、「瓜爾《くわじ》佳氏《かし》」の「園中《あんちゅう》」で見た、という流れである。

(ア)**の正解は**④。

(イ)「**審**」は、「**つまびラカニ**」と読めるかどうかである。

「つまびラカ（ニ）」は、「**詳**」と同じで、「**詳しく**。詳細に」の意。「審査《しんさ》（＝詳しく調べて適否を決める）」「審議《しんぎ》（＝詳しく討議する）」などの「審」が相当する。

「つまびラカニス」とサ変動詞に用いることもあり、「詳しく知る。知りつくす」「はっきりさせる」「詳しく調べる」などの意になる。

(イ)**の正解は**②。

(ウ)「**得**」は、「**う**」（ア・下二段）。文中での読み方は「うレバ」

になる。

「得」は、辞書的には、「手に入れる。自分のものにする」「知る。さとる。理解する」「満足する。得意になる」「かなう。合う。うまくいく」などさまざまな意味があるが、ここは、「自分のものにする」「理解する」に近い、「把握する」である。

(ウ)の**正解は④**。

解答　(ア)④　(イ)②　(ウ)④

問2　返り点の付け方と書き下し文の組合せの問題

書き下し文の文意が文脈にはまるか？

この形式の問題は、センター試験の時代から頻出する形式なのであるが、ポイントは、傍線部の中に、再読文字や、疑問・反語・否定・使役・受身などの**何らかの句法上の読み方の特徴がないか**ということと、書き下し文のように読んだときの**文意が通るか**、また、**その文意が前後の文脈にあてはまるかどうか**、である。本当はそのような返り方（付け方）が文の構造上アリなのか？　ということもあるのであるが、ともかく読み方どおり返っていけるケースがふつうなので、**返り点の付け方をチェックするのは時間の無駄**である。

さて、傍線部Aには、目立った句法のポイントがない。

冒頭の「**客に**」はすべての選択肢が共通している。そのあとの、「**有…者**」は、漢文にはよくある形で、「…者有り（…者がいた）」と読む形である。この点では、①・②・③・④は文末が「者有（あ）り」になっているが、⑤だけは違和感がある。

また、話の流れから、「**之**《これ》」は「蝶」であり、少し前に「之《これ》を呼《よ》べば」という読み方もあるから、「呼之」は「呼レ之」で「之《これ》を呼《よ》びて」と読むと考えられる。さらに、「**匣**」には、「空《くう》匣《かふ》」に（注4＝空の箱）があるから、「入レ匣」で「匣《はこ》に入《い》れ」であろう。よって、「呼レ之入レ匣」（「之《これ》を呼《よ》びて匣《はこ》に入《い》れ」）となって下へ行く。

また、「**ヲ・ニ・ト**」**があったら述語へ返る原則**からして

①の「入二匣奉一（匣《はこ》に奉じ入るる）」

③の「呼二之入レ匣奉一（之《これ》を匣《はこ》に入れ呼び奉《ほう》じて）」

はあり得ない。①のように読むには、「奉二入匣一」、③のように読むには、「入二之匣一、呼奉」の語順でなくてはならない。ただ、細かいことで、受験生レベルではやや面倒なことではあるから、とにかく、①〜⑤の文意をとってみよう。

①は、「客で、蝶を呼んで箱に捧げ持って入れることがあって私の庭園に帰る者がいた」

②は、「客で、蝶を呼んで箱に入れ捧げ持って返そうとする

私の庭園の者がいた」

③は、「客で、蝶を箱に入れて呼んで捧げ持ち、私の庭園に帰る者がいた」

④は、「客で、蝶を呼んで箱に入れ捧げ持って私の庭園に返そうとする者がいた」

⑤は、「客で、蝶を呼ぶことがあって箱に入れ、私の庭園の者に返すことをたてまつる」

①・②・③・⑤は、傍点の部分の文意がおかしい。

正解は④。

解答 ④

問3 傍線部の解釈の問題

「苟」と「当」のポイントに着眼！

送り仮名が省かれているから、どう読むのかからのスタートであるが、ポイントが二つある。

一つめは、前半の文頭の「**苟**」で、これは、「**いやシクモ…バ**」と読んで、「**かりにも…ならば**」と訳す仮定形である。

このポイントの訳し方としては、ズバリ⑤の「もしも…ならば」である。④の「もし…」もOKであるが、「…としても」という呼応のしかたが間違っている。

重要句法 **仮定形「苟シクモ」**

苟《シクモ》A《セ(ナラ)バ》　読 いやシクモAセ（ナラ）バ
訳 かりにもAする（である）ならば

＊「Aセ（ナラ）バ」は、原則的には、「**未然形＋バ**」であるが、漢文では、「未然形＋バ」「**已然形＋バ**」はあまり厳密に使い分けない。

＊「かりにも…」は、「**もシ**（＝**如・若**）」でも同じである。

二つめは、後半の「**当**」で、これは、「**まさニ…ベシ**」と読んで、「**当然…すべきだ。…しなければならない**」と訳す再読文字である。

二度めの読みの「ベシ」は、古文でいう「当然」の「べし」であるが、同じ読み方をする「**応**」の「**きっと…だろう**」という推量の訳し方があてはまるケースもある。

「当」のポイントからは、②の後半が合っているように見えるが、②は前半が間違っている。ぴったりの訳し方が選択肢にないが、文脈からすれば、⑤の後半は、許容範囲と言ってよいであろう。

読み方は、「**苟《いや》しくも我《われ》に近《ちか》づかば、我当《われまさ》に之《これ》を図《ゑが》くべし**」で、直訳すれば、「かりにも（おまえが）私に近づいたならば、私はきっとおまえを描くだろう」で、「応」の推量の意味のほうが通りやすいようである。

①・②・③は前半が×、①・③・④は後半が×であるから、残るのは⑤しかない。

正解は⑤。

> **重要句法** **再読文字「当・応」**
>
> **当**ニ **A**（ス）ベシ
> **（応）**
>
> 読 まさニA（ス）ベシ
>
> 訳 当然A（する）べきだ
> Aしなければならない
> きっとA（する）だろう

解答 ⑤

問4 漢詩のきまり（押韻《おういん》・形式）の問題

偶数句末の空欄補充は「押韻」の問題！

漢詩の偶数句末の空欄補充問題は「押韻」の問題である。

もう一つ、選択肢を見ると、**漢詩の形式名の判断**の問題にもなっている。

漢詩のきまり

❶ **漢詩の形式**

五言絶句《ごごんぜっく》……一句が五字、全体が四句の詩。
七言《しちごん》**絶句**……一句が七字、全体が四句の詩。
五言律詩《りっし》……一句が五字、全体が八句の詩。
七言律詩……一句が七字、全体が八句の詩。
五言古詩《こし》……一句が五字、句数に制限のない詩。（ただし、偶数句）
七言古詩……一句が七字、句数に制限のない詩。（ただし、偶数句）

＊「古詩」は、長いものが多いが、六句などの短いものもある。

❷ **押韻（韻をふむ）**

五言の詩……偶数句末。（第一句末も押韻することがある）
七言の詩……第一句末と偶数句末。（第一句末が押韻していないこともある）

❸ **漢詩の構成**

五言絶句の場合

○○ ○○○……起句《きく》……歌い起こす
○○ ○○●……承句《しょう》……起句を承《う》けて内容を展開

○○○○○○○……転《てん》句……前半の内容を一転させる
○○○○○○●……結《けつ》句……全体を結ぶ

七言律詩の場合

○○○○○○●
○○○○○○● ……首《しゅ》聯《れん》

○○○○○○○
○○○○○○● ……頷《がん》聯（対《つい》句《く》）

○○○○○○○
○○○○○○● ……頸《けい》聯（対句）

○○○○○○○
○○○○○○● ……尾《び》聯

●は韻字

まず「**押韻**」であるが、X が第二句末であるから、そのほかの当該の字を音読みしてみる。

第一句末……「**多**」（タ・ta）
第四句末……「**何**」（カ・ka）
第六句末……「**羅**」（ラ・ra）
第八句末……「**過**」（カ・ka）

四句とも、**「ア・a」という母《ぼ》音《いん》のひびきでそろっている**ことがわかる。

次に、選択肢に並んでいる字を音読みしてみると、

①「**座**」（ザ・za）
②「**舞**」（ブ・bu）
③「**歌**」（カ・ka）
④「**少**」（ショウ・shou）
⑤「**香**」（コウ・kou）

で、「**ア・a**」というひびきになっているのは、①の「座」と③の「歌」である。

次に、「**形式**」であるが、この【**詩**】は、**一句が七文字**で、**全八句**であるから、「**七言律詩**《しちごんりっし》」である。これが正しいのは③か⑤であるが、⑤は押韻が合っていない。「香」を「カ」だと勘違いしないことが大事で、「か」は訓読み、音読みは「コウ」である。

正解は③。

「幾度《いくたび》か歌ふ」と読む。

解答 ③

問5 傍線部の読み方の問題

「奈ㇾA何」は「Aヲいかんセン」で一発！

「型にはまった」句法の問題である。「奈…何」を見てすぐに一発で答が出なければならない。

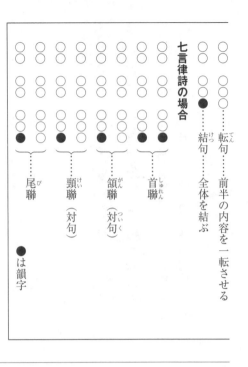

重要句法「如何」と「何如」

❶ Aハ如何セン　読 Aハいかんセン　訳 Aはどうしたらよいか〔**疑問**〕　Aはどうしたらよいだろうか、いや、どうしようもない〔**反語**〕

❷ 如レAヲ何セン　読 Aヲいかんセン　訳 Aをどうしたらよいか〔**疑問**〕　Aをどうしたらよいだろうか、いや、どうしようもない〔**反語**〕

＊❶・❷とも、「**奈何・若何**」を用いることもある。

＊**方法・手段を問う。**疑問にも反語にも用いる。見かけの上では、疑問か反語かはわからないので、文脈から判断するしかない。

❸ 如何ゾAスル　読 いかんゾAスル　訳 どうしてAするのか〔**疑問**〕

＊「**何ゾ・安**《いづ》**クンゾ**」などと同じように用いる。

＊「**奈何**」も用いる。

＊疑問にも反語にも用いる。反語の場合は「いかんゾAセン」になる。

❹ Aハ何如　読 Aハいかん　訳 Aはどうであるか〔**疑問**〕

＊「**何若・奚如・奚若**」なども同じ。

＊**状態・状況・事の是非を問う。**疑問のみ。

正解は⑤「はるをいかんせん」。

①は、「はるも」がおかしいし、「いかん」は原則としては「**何如**」。

②の「いづれぞ」は、「**孰**《い》二**与**ヅレゾ**A**ニ一」（Aニいづレゾ）」という形で、「Aと比べてどうか」のような意になる。比較選択形である。

③の「いくばくぞ」は、「**幾何・幾許**」で「どれくらいか」の意の疑問形。

解答 ⑤

問6 文脈のとらえ方の問題

「現れた」場面、「とまった」場所をチェック！

共通テストに切り換わっての「**新傾向**」というほどではないが、珍しい形の設問である。

「**【詩】**と**【序文】**に描かれた一連の出来事のなかで、二重傍線部Ⅰ『太常仙蝶』・Ⅱ『仙蝶』が現れたり、とまったりした場所はどこか」と尋ねているが、**【詩】**の中には、実際に蝶は現れていないから、**【序文】**の文脈をしっかりとらえることがポイントである。

「太常仙蝶」が、「現れたり、とまったり」した場面を順をたどって見てゆく。

a．「辛未《しんび》の秋《あき》」に、「異蝶《いてふ》（＝不思議な蝶）」が「園中《ゑんちゆう》（＝筆者・阮元の庭園）」に現れた。
b．その蝶を呼ぶと「扇《あふぎ》」にとまった。
c．「継《つ》いで復《ま》た」、その蝶を「瓜爾佳氏《くわじかし》の園中《ゑんちゆう》」で見かけた。
d．「壬申《じんしん》の春《はる》」に、ふたたび「余《よ》の園《ゑん》の台上《だいじやう》（＝私・阮元の庭園の高殿のあたり）」に現れた。
e．画家の言葉によって、「袖《そで》」にとまった。

時間的には、aとb、dとeは同じ時のことである。
「現れた」のは、a→c→d
「とまった」のは、b→e
ということになる。

正解は⑤。

①・②のように、**【詩】**の中の「春の城《まち》」には、蝶は現れてはいない。①は、eとcの場面の順も違っている。②は「画家の家」と、場面の状況も違っている。

③は、「董思翁の家」が間違い。董思翁はたしかに「蝶夢」という詩句を残してはいるが、夢に見た蝶が「太常仙蝶（仙蝶）」だったのかどうかはわからないし、夢に見たのだから現れたのでもない。「画家の家」という部分も、②同様間違っている。

④は、cとbの順が間違っている。

解答 ⑤

問7 本文全体から読み取れる筆者の心情説明の問題

要は本文と選択肢との合致問題！

【序文】では、不思議な「蝶」が、筆者の屋敷の庭園や、瓜爾佳氏の庭園に現れた出来事を述べている。前書きにあるように、筆者の庭園は「門外の喧噪《けんそう》から隔てられた別天地」であった。「小さいながらも花木の生い茂る庭園」で、「**芳叢《はうそう》を回憶《くわいおく》すれば、真《まこと》に夢《ゆめ》のごとし**」だと、なつかしんでいる。

【詩】の正確な解釈はなかなか難しいのであるが、選択肢の正誤の判断にはあまり関係ないように見える。

要は、与えられた問題文と選択肢との「内容合致問題」であるから、選択肢のキズを見つけて消去してゆくことである。

① 毎年花が散り季節が過ぎゆくことにはかなさを感じ、董思翁の家や瓜爾佳氏の園に現れた美しい蝶《ちょう》が扇や絵とともに他人のものとなったことをむなしく思っている。

② 扇から抜け出し庭園に現れた不思議な蝶の美しさに感動し、いずれは箱のなかにとらえて絵に描きたいと考えていたが、それもかなわぬ夢となってしまったことを残念に思っている。

③ 春の庭園の美しさを詩にできたことに満足するとともに、董思翁の夢を扇に描き、珍しい蝶の模様をあしらった服ができあがったことを喜んでいる。

④ 不思議な蝶のいる夢のように美しい庭園に住んでいたが、都を離れているあいだに人に奪われてしまい、厳しい現実と美しい夢のような世界との違いを嘆いている。

⑤ 時として庭園に現れる珍しい蝶は、捕まえようとしても捕まえられない不思議な蝶であったが、その蝶が現れた庭園で過ごしたことを懐かしく思い出している。

①から④の～～～は、明らかに間違っている。

正解は⑤。

解答 ⑤

2 『欧陽文忠公集《おうようぶんちゅうこうしゅう》』・『韓非子《かんぴし》』

別冊（問題）
p.14

解答・配点

問1	(ア) ①　(イ) ⑤	（各4点　8点）
問2	(1) ⑤　(2) ③　(3) ④	（各5点　15点）
問3	②	（6点）
問4	④	（6点）
問5	⑤	（6点）
問6	③	（9点）

／50

出典

問題文Ⅰ　**欧陽脩**《おうようしゅう》『**欧陽文忠公集**』

北宋《ほくそう》の時代の著名な政治家でもあり、学者・文人でもある**欧陽脩**（一〇〇七～一〇七二年）の『欧陽文忠公集』巻五所収の、「有レ馬示二徐無党一」という五言古詩《ごごんこし》。

欧陽脩は、北宋の時代の文学の中心的人物であり、「**唐宋八大家**」の一人として、文章家として名高い。

問題文Ⅱ　**韓非**《かんぴ》『**韓非子**』

戦国時代末期の**法家**《ほうか》の思想家**韓非**（?～前二三三年）の著『韓非子』の「喩老《ゆろう》第二十一」の一節。

『韓非子』は韓非自身の著というより、実際には後世付加された部分が多いと考えられている。**孔子**《こうし》・**孟子**《もうし》などの**儒家**《じゅか》の「**徳治**《とくち》**主義**」の政治論を非難し、法と刑を絶対視した「**法治主義**」を唱えた。韓非の政治論は、**秦**《しん》**の始皇帝**《しこうてい》の天下統一や、統一後の国家運営に大きな影響を与えたが、**荀子**《じゅんし》のもとで同門であった宰相の**李斯**《りし》によって謀殺された。

書き下し文・通釈

問題文Ⅰ

▲書き下し文▼

吾《われ》に千里《せんり》の馬《うま》有《あ》り　毛骨《もうこつ》何《なん》ぞ蕭森《せうしん》たる
疾《はや》く馳《は》すれば奔風《ほんぷう》のごとく　白日《はくじつ》に陰《かげ》を留《とど》むる無《な》し
徐《おもむ》ろに駆《か》くれば大道《たいだう》に当《あ》たり　歩驟《ほしう》は五音《ごいん》に中《あ》たる
馬《うま》に四足《しそく》有《あ》りと雖《いへど》も　遅速《ちそく》は吾《わ》が心《こころ》に在《あ》り
六轡《りくひ》は吾《わ》が手《て》に応《おう》じ　調和《てうわ》すること瑟琴《しつきん》のごとし
東西《とうざい》と南北《なんぼく》と　山《やま》と林《はやし》とを高下《かうげ》す
惟《た》だ意《い》の適《ゆ》かんと欲《ほっ》する所《ところ》にして　九州《きうしう》周《あまね》く尋《たづ》ぬべし
至《いた》れるかな人《ひと》と馬《うま》と　両楽《りやうらく》相侵《あひをか》さず
伯楽《はくらく》は其《そ》の外《そと》を識《し》るも　徒《た》だ価《あたひ》の千金《せんきん》なるを知《し》る
王良《わうりやう》は其《そ》の性《せい》を得《え》たり　此《こ》の術《じゆつ》固《もと》より已《すで》に深《ふか》し
良馬《りやうば》は善馭《ぜんぎよ》を須《ま》つ　吾《わ》が言箴《げんしん》と為《な》すべし

▲通釈▼

私には一日に千里を走る駿馬《しゅんめ》があり、その毛なみや骨格のなんとひきしまって美しいことよ。

速く走れば疾風《はやて》のようで、陽光のもとで影をとどめるいとまもない。

ゆっくりと走ると自然の道にかない、その駆ける足音は五音（の音階）にかなっている。

馬に四本の足があるのだが、その（走りの）速い遅いは私の心のままだ。

手綱は私の手に呼応して、（人馬一体となること）大小の琴の音を合わせたように調和する。

東へ西へ、南へ北へ、山に林にと、上ったり下ったりする。ただ（私の）心の思うがままに行き、中国全土どこへでも行くことができる。

人と馬とはこのような境地にまで到達することができるものなのか、両者ともに楽しみ妨げ合うことがない。

（あの、良馬を見抜く名人）伯楽《はくらく》はその馬の外見によって（馬を）見分けたが、ただその（馬の）価値が千金であるかどうかを理解しただけだ。

（しかし、）王良《おうりょう》はその（馬の）本性を理解した、その御術はいうまでもなくはなはだ深遠なものであった。

良馬はすぐれた御者を待っている、私のこの言葉をいましめとしてもらいたい。

問題文Ⅱ

▲書き下し文▼

凡《およ》そ御《ぎょ》の貴《たつと》ぶ所《ところ》は、馬体車《ばたいくるま》に安《やす》んじ、人心《じんしん》馬《うま》に調《かな》ひ、而《しか》る後《のち》に以《もつ》て進《すす》むこと速《すみ》やかにして遠《とほ》きを致《いた》すべし。今君《いまきみ》後《おく》るれば則《すなは》ち臣《しん》に逮《およ》ばんと欲《ほつ》し、先《さき》んずれば則《すなは》ち臣《しん》に逮《およ》ばれんことを恐《おそ》る。夫《そ》れ道《みち》に誘《すす》めて遠《とほ》きを争《あらそ》ふは、先《さき》んずるに非《あら》ざれば則《すなは》ち後《おく》るるなり。而《しか》して先後《せんご》の心《こころ》は臣《しん》に在《あ》り。尚《な》ほ何《なに》を以《もつ》て馬《うま》に調《かな》はん。此《こ》れ君《きみ》の後《おく》るる所以《ゆゑん》なり。

▲通釈▼

総じて御術にとって大切なのは、馬の体が（つながれる）車にしっくりと合い、（御する側の）乗り手の心が馬（の気持ち）と一つになることで、そうなってはじめて速く走ることも遠くまで行くこともできるのです。（ところが）今わが君はおくれをとると私に追いつこうとし、先行すれば私に追いつかれるのではないかと恐れておいでです。そもそも（馬を）道に引き出して長い距離を競走させるのは、先になったり後になったりするのは当然のことです。なのに（わが君は）先になるかおくれるかと、私のことばかり気にして（馬のことは忘れて）おられる。それではどうして馬と調和することができましょうか。これがわが君が私に負けられた理由でございます。

解説

問1 語の意味と、同義の語を判断する問題

「徒」「固」の読みがわかっているか？

(ア)「**徒**」は、「価《あたひ》の千金《せんきん》なるを知《し》る」の上にあるから、連用修飾語、つまり副詞で、「**たダ**」と読む。設問は、「ここでの意味と、最も近い意味を持つ漢字」の判断を求めているのであるが、要は「**同じ読み方をする漢字**」の判断の問題で、選択肢の中では、①の「只」である。

「徒」は、「**いたづらニ**（＝むなしく。むだに）」とも読み、「いたづらニ」と読んでも、「たダ」と読んだときと同じ「ただ…だけ」の意で用いることもあるが、選択肢の中に「いたづらニ」と読む字がない。②「復」は「まタ」、③「当」は再読文字として「まさニ…べシ」、④「好」は連用形としては「よク」「このミ（テ）」など、⑤「猶」も「なホ」あるいは再読文字として「なホ…ごとシ」である。

(ア)の**正解は①「只」**。

(イ)「**固**」は、これも「已《すで》に深《ふか》し」を修飾しているので副詞で、「**もとヨリ**」と読む。読みの問題の頻出語であり、「もともと。もとから。元来」のほか、「言うまでもなく。無論。もち

ろん」の意味もあり、後者の意は重要である。

①「強」は「しヒテ」「つよク」、②「難」は「かたク」、③「必」は「かならズ」、④「絶」は「たエテ」である。

(イ)の**正解は**⑤「**本**」。

同訓異字 **「ただ・たダニ」と読む字**

唯・惟・但・直・只・特・徒・祇・止

同訓異字 **「もとヨリ」と読む字**

固・素・故・原・本

解答 (ア)① (イ)⑤

問2 語（句）の解釈の問題

解釈も、読めることが前提！

(1)「何」は、言うまでもなく「**なんゾ**」と読む。解釈の問題とはいえ、送り仮名を省いてあるので、まずは「読める」ことが先決である。

「毛骨《もうこつ》（注1＝馬の毛なみと骨格）何《なん》ぞ蕭森《せうしん》たる（注2＝ひきしまって美しい）」と、「**なんゾ…連体形**」の形になっているから、一見、疑問（④「どうして」）に見えるが、ここは、「なんと…なことよ」と、**詠嘆**になっていると判断するのがポイント。

(1)の**正解は**⑤。

重要句法 **「何ゾ…」の用法**

❶ 何ゾA スル（乎）　読 なんゾAスル（や）　訳 どうしてAするのか〔**疑問**〕

❷ 何ゾA スル（乎）　読 なんゾAスル（や）　訳 なんとAなことよ〔**詠嘆**〕

❸ 何ゾA セン（乎）　読 なんゾAセン（や）　訳 どうしてAするだろうか、いや、Aしない〔**反語**〕

＊「**なんゾ**」は「**奚・胡・庸・曷・何遽**」でも同じ。

＊文末の「**や**」は「**也・哉・与・邪・耶・歟**」でも同じ。省略されていることもあり、その場合、送り仮名で「…や」と読んでいることもある。

(2)「**周**」は、「**普・遍**」と同じで、「**あまねク**」と読めるかどうかの問題であるが、やや難。「周知（＝あまねく知る。あまねく知らせる）」「周到（＝あまねくゆきとどく）」などの熟語の中の「周」で、「広くゆきとどく。ゆきわたる。手落ちがない」の意である。ここは、「九州《きうしう》（注7＝中国全土）周《あまね》く尋《たづ》ぬべし」で、「中国全土のあらゆるところに訪ね行くことができる」ということである。

(2)の**正解は③**。

(3)「**至哉**」は、「**哉**」が、**詠嘆の「かな」**なのであるが、もちろん、「哉」には疑問や反語の「や・か」の用法もある。選択肢の末尾を見ても、その点は判断しにくい。

句法のポイントで判断できないとなると、「**至《いた》れるかな**」が文脈上どのようなことについて言っているのかを判断するしかない。

「至《いた》れるかな人《ひと》と馬《うま》と　両楽相侵《りやうらくあひをか》さず」であるから、「至《いた》れるかな」は、「人《ひと》と馬《うま》と」が「両楽《りやうらく》（＝ふたつながら楽しみ）相侵《あひをか》さず（＝互いに相手を妨げることがない）」、つまり、まさに「人馬一体」となっている境地のことを言っているのである。

とすると、①のように「遠くまで行くことができる」とか、③のように「高い山まで登ることができ」るとか、⑤のように「速く走ることができる」というようなことを言っているのではないし、②のように、馬の側からだけ「人の気持ちが理解できる」と言っているのでもないことがわかる。「人」も「馬」も一体でなくてはならない。

よって、(3)の**正解は④**「このような境地にまで到達できるものなのか」である。

同訓異字　**「かな」と読む字**

哉・夫・矣・与・乎

解答　(1)⑤　(2)③　(3)④

問3　漢詩の押韻《おういん》、および本文の主旨の判断の問題

偶数句末の空欄は「押韻」の問題！

[1]の問4にもあったが、漢詩の**偶数句末の空欄補充問題**は、「**押韻**」のきまりの問題であることに、すぐに気がつかなければならない。

【問題文Ⅰ】の詩は全二十二句もある、長い**五言古詩**《ごごんこし》である。教科書でよく勉強する、**絶句**《ぜっく》や**律詩**《りっし》もそうであるが、漢詩は**特定の句末でひびきをそろえる**「押韻」というきまりがある。

長い古詩の場合、段落の切れめで韻の種類をかえる（これを「換韻《かんいん》」という）こともあるが、この詩は一つの韻で統一されていて、このような形を「一韻到底《いちいんとうてい》」という。

空欄X以外の偶数句末の字を音読みしてみると、順に、「**森**（シン）」「**陰**（イン）」「**音**（イン・オン）」「**琴**（キン）」「**林**（リン）」「**尋**（ジン）」「**侵**（シン）」「**金**（キン）」「**深**（シン）」「**箴**（シン）」で、最初の子音を除いたひびきがすべて「イン（in）」になっている。

次に、選択肢に並んでいる、**【問題文Ⅱ】**の中の二重傍線部(a)〜(e)を音読みしてみると、

① (a) **体**（タイ・tai）
② (b) **心**（シン・shin）
③ (c) **進**（シン・shin）
④ (d) **先**（セン・sen）
⑤ (e) **臣**（シン・shin）

となり、答は、②「心」、③「進」、⑤「臣」のいずれかということになる。

さて、傍線部Aは、「馬《うま》に四足《しそく》有《あ》りと雖《いへど》も、遅速《ちそく》は吾《わ》がXに在《あ》り」、つまり、馬には四本の足があって、むろん走るのは馬であるとはいっても、その馬が遅く走るか速く走るかは、手綱を持つ「吾《わ》がXに」あるというのである。「吾《わ》が心《こころ》に在《あ》る」のか、「吾《わ》が進《しん》に在《あ》る」のか、「吾《わ》が臣《しん》に在《あ》る」のかであるが、「進」や「臣」では文脈が通らないことは明らかである。

正解は②「心」。

漢詩のきまり　押韻のきまり

五言《ごごん》の詩……偶数句末。（第一句末も押韻することがある）
七言《しちごん》の詩……第一句末と偶数句末。（第一句末が押韻していないこともある）

解答 ②

問4　返り点の付け方と書き下し文の組合せの問題

返り点のチェックは時間のムダ！

これも、1の問2にもあったが、返り点の付け方と書き下し文（読み方）の組合せ問題は、センター試験時代から頻出する形式である。ポイントは、次の三点である。

❶ **傍線部の中に、何らかの句法（語法）上の読み方の特徴がないか。**
❷ **書き下し文のように読んだとおり訳してみて、文意が**

通るか。

❸ **その文意が、前後の文脈（話の流れ）にあてはまるかどうか。**

返り点の付け方も組み合わせて問われているのであるが、返り点は、（そのような返り方が漢文の構成上アリなのかというものもあるが）ともかく書き下し文の読み方どおりに付いていることがふつうであるから、**返り点をチェックするのは時間のムダ**である。

句法上のポイントになりそうなのは文頭の「**惟**」であるが、これは、すべての選択肢が「**たダ**」と読んでいるので、ここでは判断できない。

この先は、かなり細かいことになる。

「**所**」と「**欲**」は、どちらもいろいろな用い方があるが、いずれも「**返読する**」用法が大事で、とくに、「欲」は「**…ント欲す**」と返る読み方が問われることが多い。そこに着眼できれば、「所欲適」の三字は、「所㆑欲㆑適」と返り点が付いて、「適《ゆ》かんと欲《ほつ》する所《ところ》」と読むと判断でき、④にたどりつけるのであるが、短い傍線部のわりには、この**問4**はやや難と言ってよい。

正解は④。

「ただ私の心が欲するがままに」のような意味である。

ちなみに、「適」は、①・②のように「かなフ」とも読めるし、「意」は、②・③・⑤のように「おもフ」とも読むが、①・②・③・⑤は、いずれも、直訳してみようとしても文意が通らない。

重要読法 **「…ント欲ス」**

❶ 欲ス㆑Aセ(ナラ)ント　読 Aセ（ナラ）ントほつス
　欲ス㆓倶ニ去ラント㆒。　訳 Aしたいと思う

❷ 欲ス㆑Aセ(ナラ)ント　読 Aセ（ナラ）ントほつス
　花欲ス㆑然《も》エント。　訳 （いまにも）Aしようとする
　Aしそうだ。Aになろうとする

＊❷は、再読文字「将」の二度めの読み「ントす」と同じで、読み方も、意味をとって「Aセントす」と読む例がある。

同訓異字 **「ゆク」と読む字**

行・往・之・適・逝・如・征・徂・于

解答 ④

問5 送り仮名がない傍線部の解釈の問題

置き字「于」のはたらきに着眼！

傍線部Cは、冒頭の二文字「今君（＝今わが君は）」のあとが「**対句**《ついく》」になっている。

後 則 欲レ逮レ 臣
↔ ＝ ↔ ＝
先 則 恐レ逮二于 臣一

頭の二文字は、「**則（…レバすなはチ）**」があるから、「後《おく》れば則《すなは》ち」「先《さき》んずれば則《すなは》ち」である。「後」はラ行下二段「おくル」、「先」はサ変で、「さきンズ」と動詞として読む。

「先んずれば則ち人《ひと》を制《せい》し、後るれば則ち人《ひと》の制《せい》する所《ところ》と為《な》る（＝人よりも先んじれば人をおさえることができ、おくれをとると人におさえられる）」（『史記』）という有名な言葉があるのを思い出したい。

「欲レ逮レ臣」は、「恐レ逮二于臣一」と同様、「欲レ逮二于臣一」となっていても同じで、「**臣《しん》に逮《およ》ばんと欲《ほっ》し**」と読む。「逮」の「およブ」という訓読みができるかどうかは、やや難というべきであろうが、「今わが君はおくれをとると」のあとであるから、「追いつこうとやっきになる」という意味のことを言っているのであろうと類推はできる。

後半の「恐レ逮二于臣一」は、**置き字「于」**のはたらきがポイントである。

「**于**」は、「**於・乎**」と同じで、さまざまな用法がある。

置き字 **「於・于・乎」の用法**

※「V二於C一」の形で、C（補語）の右下に付ける送り仮名「ニ・ト・ヨリ・ヨリモ・ヲ」などのはたらきをする。

❶ **動作の行われる場所・方向を表す**。（ニ）
遊ブ二**於** 赤 壁ニ一。

❷ **動作の対象を表す**。（ニ・ト・ヲ）
己ノ 所レ不ル レ欲セ、勿カレ レ施スコト二**於** 人ニ一。

❸ **動作が継続・終止する時間を表す**。（ニ）
積ミテ二**於** 今ニ一六 十 歳ナリ 矣。

❹ **比較を表す**。（ヨリ・ヨリモ）

❺ **受身を表す。**（二）

霜葉《ハ》紅《くれなゐナリ》二於二月《ノ》花《ヨリモ》一。

労《スル》レ力《ヲ》者《ハ》治《メラル》二於人《ニ》一。

❻ **動作の起点や、原因・原料を表す。**（ヨリ）

千里《ノ》行《モ》始《マル》二於足下《ヨリ》一。

ここは、前半との対《つい》であることを考えると、「**臣《しん》・に逮《およ》ばれんことを恐《おそ》る**」のように、受身に読みたい。

よって、「**今君後《いまきみおく》るれば則《すなは》ち臣《しん》に逮《およ》ばんと欲《ほっ》し、先《さき》んずれば則《すなは》ち臣《しん》に逮《およ》ばれんことを恐《おそ》る**」と読み、直訳すると、「今わが君はおくれをとると私に追いつこうとし、先行すると私に追いつかれることを恐れておいでです」となる。

よって、**正解は**⑤。

解答 ⑤

問6 問題文全体の主旨の判断の問題

選択肢のキズを探して消去法で！

【問題文Ⅰ】と**【問題文Ⅱ】**を踏まえるという指示があるのであるから、要は、各選択肢と**【問題文Ⅰ】【問題文Ⅱ】**との**内容合致問題**である。

選択肢を一つ一つチェックして、本文とのズレ、違い、つまり**「キズ」を探して消去**してゆく。「**キズ**」のチェックポイントは、次のようなものである。

a. 選択肢に書いてあることが、本文のどこにあるか。
b. 本文に書かれていないことがないか。
c. 本文と似たようなことが言えているが、ズレていないか。
d. 言い過ぎていないか。言い足りてなくはないか。
e. 人物評価のプラス・マイナスが間違っていないか。
f. 内容的に常識をはずれていないか。
g. 漢文の世界にありがちな正しいこと、良いことが書いてはあるが、本文と関係なくはないか。

各選択肢をチェックしてみよう。

① 「御術」においては、馬を手厚く養うだけでなく、よい馬車を選ぶことも大切である。王良のように車の手入れを入念にしなければ、馬を快適に走らせることのできる御者にはなれない。

→「馬を手厚く養う」ことは大切であろうが、文中にない。「よい馬車を選ぶことも大切」「王良のように車の手入れを入念に」も、文中にない。

② 「御術」においては、馬の心のうちをくみとり、馬車を遠くまで走らせることが大切である。王良のように馬の体調を考えながら鍛えなければ、千里の馬を育てる御者にはなれない。

→「馬車を遠くまで走らせることが大切」とも、「馬の体調を考えながら鍛え」よとも、「千里の馬を育てる」とも、文中では言っていない。

③ 「御術」においては、すぐれた馬を選ぶだけでなく、馬と一体となって走ることも大切である。襄主のように他のことに気をとられていては、馬を自在に走らせる御者にはなれない。

→「すぐれた馬を選ぶ」にいくらか疑問があるが、伯楽が馬の「価《あたひ》の千金《せんきん》なるを知《し》る」あたりか、詩の冒頭の「吾《われ》に千里《せんり》の馬有《うまあ》り」からの数句にある「すぐれた馬」が自分の手もとにあることなどに該当すると考えられる。最も重要なのは**「馬と一体となって走ることも大切」**で、これが「御術」のキモで、**【問題文Ⅰ】**の詩の第七句「馬《うま》に四足《しそく》有《あ》りと雖《いへど》も」から、第十六句「両楽相侵《りやうらくあひをか》さず」までの内容や、**【問題文Ⅱ】**の「人心《じんしん》馬《うま》に調《かな》ひ（＝乗り手の心が馬と調和する）」が合致している。

「襄主のように他のことに気をとられていては」以降については、**【問題文Ⅱ】**の、傍線部C「今君…」（**問5**）から末尾までで述べられていることに合致する。

よって、**③が正解**である。

④ 「御術」においては、馬を厳しく育て、巧みな駆け引きを会得することが大切である。王良のように常に勝負の場を意識しながら馬を育てなければ、競走に勝つことのできる御者にはなれない。

→「馬を厳しく育て」よとも、「巧みな駆け引きを会得」せよとも、「常に勝負の場を意識しながら馬を育て」よとも、「競走に勝つことのできる御者」になれとも述べられていない。ほぼ全体的に間違っている。

⑤ 「御術」においては、訓練場だけでなく、山と林を駆けまわって手綱さばきを磨くことも大切である。襄主のように型通りの練習をおこなうだけでは、素晴らしい御者にはなれない。

→「訓練場だけでなく、山と林を駆けまわって手綱さばきを磨く」「型通りの練習をおこなうだけでは」ダメなど、これもほぼ全体的に間違っている。

解答 ③

3

「墨池記《ぼくちき》」・『晋書《しんじょ》』

別冊（問題）
p.26

解答・配点

問1 (ア)② (イ)④ （各5点 10点）
問2 ③ （4点）
問3 ①・④ （各4点 8点）
問4 ④ （7点）
問5 ② （6点）
問6 ③ （7点）
問7 ① （8点）

/50

出典

本文 **曽鞏《そうきょう》**「墨池記」

曽鞏（一〇一九〜一〇八三年）は北宋《ほくそう》の時代の文人。字《あざな》は子固《しこ》。三十九歳で進士に合格し、主に地方官を歴任し、善政をうたわれた。欧陽脩《おうようしゅう》の影響を強く受けた緻密な文体の「古文」で名高く、「**唐宋八大家**」の一人に数えられる。

「墨池記」は、『唐宋八大家文読本』巻二十八に収められており、東晋《とうしん》の時代の有名な書家**王羲之《おうぎし》**（三〇三?〜三六一年）の努力について述べた文章である。

資料 『**晋書**』巻八十「列伝第五十・王羲之伝」の一部

『晋書』は、『**史記《しき》**』『**漢書《かんじょ》**』『**後漢書《ごかんじょ》**』『**三国志《さんごくし》**』につぐ五番めの**正史《せいし》**（正式な史書）である。晋の時代（二六五〜四二〇年）の歴史を描くが、編纂《へんさん》されたのは唐の太宗《たいそう》の時代である。引用文は、設問にあるように、王羲之が後漢の時代の書家張芝《ちょうし》（生没年未詳）について述べた文章の一部である。

書き下し文・通釈

本文

▲書き下し文▼

　羲之《ぎし》の書《しよ》は、晩《ばん》は乃《すなは》ち善《よ》し。則《すなは》ち其《そ》の能《よ》くする所《ところ》は、蓋《けだ》し亦《ま》た精力《せいりよく》を以《もつ》て自《みづか》ら致《いた》す者《もの》にして、天成《てんせい》に非《あら》ざるなり。然《しか》れども後世《こうせい》未《いま》だ能《よ》く及《およ》ぶ者《もの》有《あ》らず、豈《あ》に其《そ》の学《まな》ぶこと彼《かれ》に如《し》かざるか。則《すなは》ち学《がく》は固《もと》より豈《あ》に以《もつ》て少《か》くべけんや。況《いは》んや深《ふか》く道徳《だうとく》に造《いた》らんと欲《ほつ》する者《もの》をや。墨池《ぼくち》の上《ほとり》は、今《いま》は州《しう》の学舎《がくしや》と為《な》る。教《けう》授王君盛《じゆわうくんせい》は、其《そ》の章《あらは》れざるを恐《おそ》るるや、晋《しん》の王右軍《わういうぐん》の墨池《ぼくち》の六《ろく》字《じ》を楹間《えいかん》に書《しよ》し以《もつ》て之《これ》を掲《かか》ぐ。又《ま》た鞏《きよう》に告《つ》げて曰《い》はく、「願《ねが》はくは記《き》有《あ》らんことを」と。王君《わうくん》の心《こころ》を推《お》すに、豈《あ》に人《ひと》の善《ぜん》を愛《あい》して、一能《いちのう》と雖《いへど》も以《もつ》て廃《はい》せずして、因《よ》りて以《もつ》て其《そ》の跡《あと》に及《およ》ぶか。其《そ》れ亦《ま》た其《そ》の事《こと》を推《お》して以《もつ》て其《そ》の学《まな》ぶ者《もの》を勉《はげ》まさんと欲《ほつ》するか。夫《そ》れ人《ひと》の一能《いちのう》有《あ》りて後人《こうじん》をして之《これ》を尚《たつと》ばしむること此《か》くのごとし。況《いは》んや仁人荘士《じんじんさうし》の遺風余思《ゐふうよし》、来世《らいせい》に被《かうむ》る者如何《ものいかん》ぞや。

▲通釈▼

　王羲之の書は、年を取ってからこそが素晴らしい。そのすぐれた技能は、思うに努力によって自ら手に入れたもので、天性のものではない。けれども後世において（王羲之に）肩を並べる者がいないのは、その学習（の努力の量）が王羲之に及ばないのではないだろうか。学ぶことは本来どうして努力を怠ってよいだろうか。ましてしっかりと道徳を身につけたいと思う者はなおさらであろう。墨池のあたりは、今は州の学校となっている。教授の王盛《おうせい》は、それ（＝墨池の故事）が忘れられてしまうことを憂い、「晋王右軍墨池」の六文字を（学校の）正面の柱の間に書き記して掲げた。その上で私（曽鞏）に告げて言った、「（墨池のいわれを記した）文章を書いてほしい」と。王盛の心を推察するに、人の素晴らしさを愛し、一つの才能であっても埋もれさせず、そこで（王羲之ゆかりの）遺跡の顕彰につとめようとしたのではないだろうか。そしてまたそのこと（＝王羲之が墨池で修練を重ねたこと）を広めてそこで学ぶ者を励まそうとしたのではないだろうか。そもそも（王羲之のように）人間は一つの才能を持つことで後世の人々にこのように尊ばれるのである。まして仁愛の徳を備えた人や行いの立派な人が後世に及ぼす感化を、後世の者が受けることは一体どれほど（大きいこと）であろうか。

資料

▲書き下し文▼

云《い》はく、「張芝《ちやうし》池《いけ》に臨《のぞ》みて書《しよ》を学《まな》び、池水《ちすい》尽《ことごと》く黒《くろ》し。人《ひと》をして之《これ》に耽《ふけ》ること是《か》くのごとくならしめば、未《いま》だ必《かなら》ずしも之《これ》に後《おく》れざるなり」と。

◆**通釈**◆

（王羲之が）言った、「張芝は池のほとりで書を学び、池の水は（墨で）真っ黒になってしまった。人をこのように（池の水が墨で真っ黒になるほどに）熱中させれば（＝人がもしこれほどに熱中すれば）、これ（＝張芝）に追いつけないとは限らない」と。

解説

問1 送り仮名のない波線部の解釈問題

「豈ニ…ンや」は反語が基本！

(ア)「**晩乃善**」は、返り点はないから、「晩」「乃」「善」の字義を順番に考えればよいのであるが、「**晩**」は①・②・③・④では「晩年」「年を取」る意味にとっている。この点で、⑤の「年齢にかかわらず」は消去する。「晩《ばん》に」と読む。「**善**」は、すべての選択肢が「素晴らしい」とそろっているので、ここは判断のポイントにはできない。「善《よ》し」と読む。

となると、ポイントは「**乃**」。読み方は当然「すなはち」であるが、この「乃」の意味で判断せよという問題だとすると、やや難解である。受験勉強のレベルとしては、「乃」は「そこで」の意くらいである。

ここは、波線部直後の「則《すなは》ち其《そ》の能《よ》くする所《ところ》は、蓋《けだ》し亦《ま》た精《せい》力《りょく》を以《もっ》て自《みづか》ら致《いた》す者《もの》にして、天成《てんせい》に非《あら》ざるなり（＝そのすぐれた技能は、思うに努力によって自ら手に入れたもので、天性のものではない）」以降、「努力」の大切さを言っている本文全体の主旨から、「若いころからの精励努力の積み重ねによって、晩年になって素晴らしいものになっていった」ということを言っているととらえたい。

よって、(ア)の**正解は**②「年を取ってからこそが素晴らしい」。

①は、「年齢を重ねたので」と理由を述べているので不適。

③「さえも」では、若いころのほうがよかった感じになる。

④のように「いずれも」では、「すなはち」のニュアンスとはズレている。

(イ)「**豈可二以少一哉**」は、「**豈…哉**（あニ…ンや）」の**反語形**に着眼できれば、答は即④と判断できる。

重要句法　反語形「豈ニ…ンや」

豈ニ…未然形ン＋哉　読　あニ…（セ・ナラ）ンや
訳　どうして…（する）だろうか
（いや…ない）

＊文末の「**哉**」は「**乎・也・与・邪・耶**」でも同じである。省略されていることもまれにある。

＊「**何ゾ**」「**安クンゾ**」が疑問にも反語にもなるのに比べると、「**豈ニ**」は反語であることが圧倒的に多い。

波線部(イ)は「**豈《あ》に以《もつ》て少《か》くべけんや**」と読み、「どうして（努力を）欠くことができようか（いや、欠くことはできない）」という意味になる。

「**少**」を、「すくなシ」や「わかシ」でなく、「かく」と動詞に読むのは難解である。

「**豈可二…一哉**」の形は、「あニ…（ス）ベケンや」と読んで、「どうして…できようか、いや…できない」の意。「可」は可能の「ベシ」であるが、「ベカラ」でなく、「ベシ」の古い未然形「ベケ」で読む型になっているので、必ず覚えておきたい。

(イ)の**正解は**④。

解答　(ア)②　(イ)④

問2　空欄補充問題

再読文字は超頻出ポイント！

選択肢は、すべて**再読文字**である。

①の「**宜**」は「よろシク…（ス）ベシ」で、「…するのがよい」。

②「**将**」は「まさニ…（セ）ントす」で、「いまにも…しそうだ（しようとする）」。

③「**未**」は「いまダ…（セ）ず」で、「まだ…しない」。

④「**当**」は「まさニ…（ス）ベシ」で、「当然…すべきだ（…しなければならない）」、あるいは、読み方が同じ「応」と同じく「きっと…だろう」のようにも用いる。

⑤「**猶**」は「なホ…連体形＋ガごとシ」「なホ…体言＋ノごとシ」で、「あたかも…のようだ」「ちょうど…と同じだ」。

ここは、王羲之の技能は努力のたまものであって、生まれつきのものではないという文脈を踏まえて、「然《しか》れども後世《こうせい》（＝けれども後世において）」、「[X]能《よ》く及《およ》ぶ者有《ものあ》（送り仮名は省略）[X]」という流れになっている。

さらに文は続いていて、**問3**の傍線部Aの内容も大きくかかわっているので、**問3**の答を出してからでもよいが、文脈としては、王羲之が努力によって素晴らしい書家となったように、大切なのは努力で、誰しも努力を積み重ねれば王羲之のようになれるのに、後世そのような努力をした者はいない、ということを述べていることを読み取りたい。

よって、**正解は**③「**未**」である。

重要句法 **再読文字**

❶ 未ダレA（セ）
読 いまダA（セ）ず
訳 まだA（し）ない

❷ 将ニレA（セ）ント（且）
読 まさニA（セ）ントす
訳 いまにもAしようとする
いまにもAしそうだ

❸ 当ニシレA（ス）
読 まさニA（ス）ベシ
訳 当然Aするべきだ
Aしなければならない
きっとAするだろう

❹ 応ニシレA（ス）
読 まさニA（ス）ベシ
訳 きっとAするだろう
当然A（する）べきだ

❺ 宜シクシレA（ス）
読 よろシクA（ス）ベシ
訳 Aするのがよい

❻ 須ラクシレA（ス）
読 すべかラクA（ス）ベシ
訳 ぜひAする必要がある
ぜひAしなければならない

❼ 猶ホシレAノ（スルガ）（由）
読 なホAノごとシ
なホA（スルガ）ごとシ
訳 あたかもAのようだ
ちょうどA（するの）と同じだ

❽ 盍ゾルレA（セ）
読 なんゾA（セ）ざル
訳 どうしてAしないのか
Aしたらどうか
Aすればよいではないか

解答　③

問3　傍線部に含まれる句法の判断の問題

「豈…邪」と「不レ如」に着眼！

答を**「二つ」選ぶ**ことに注意！

「**豈其学不レ如レ彼邪**」には、句法上の大きなポイントがまさに「二つ」ある。

一つは、「**豈…邪**」である。**問1**で見たように、「豈…」とくればふつうは反語であるが、選択肢に「反語」がない。

実は、「豈…」には、④のように、「**疑問を含んだ推量**」で「…ではないだろうか」と訳す用法がある。その場合は、反語形の特徴である「あニ…ンや」という読み方をせず、次のようになる。

豈ニ…連体形＋哉　読　あニ…（スル）か
訳　…だろうか
…ではないだろうか

ただし、この「疑問を含んだ推量」のケースが設問の対象になるのは、極めてまれであり、この問いの場合は、ほかに反語の「豈…」に該当する選択肢がないという「**消去法**」でたどりつく力があればよい。

もう一つは、「**不レ如**」である。これは、「百聞は一見に如《し》かず」というたいへん有名な例文がある、**比較形**である。

重要句法　**比較の公式**

Aハ不レ如カBニ
（若）
読　AハBニしカず
訳　AはBには及ばない
AよりはBのほうがよい

Aハ莫シ如クハBニ
（無）（若）
読　AハBニしクハなシ
訳　Aに関してはBにまさるものはない
Aに関してはBが一番だ

傍線部Aは、「**豈《あ》に其《そ》の学《まな》ぶこと彼《かれ》に如《し》かざるか**」と読み、「その（後世の者の）学問が彼（王羲之）に及ばないのではないだろうか」という意味になる。努力の量が足りないのではないかということを言いたいのである。よって①は正しい。

②「受身の句法」は、「見・被・為」を受身の助動詞「る・らル」と読むか、「A為ニB所レC（ABノCスルところトな

ル)」を「AはBにCされる」と訳す形かである。

③「限定の句法」は、「たダ(＝唯・惟・但・徒・直・只・特・祇・止)」か、「…のみ(耳・已・爾・而已・而已矣)」。

⑤「仮定を含んだ感嘆の句法」というのは、定型がない。

⑥「使役を含んだ仮定の句法」は、「使(令・遣・教)」を返読してきて「…しメバ」と読む形になる。

②・③・⑤・⑥は、いずれも傍線部中に該当するものがない。

よって、**正解は①・④**。

解答 ①・④

問4 傍線部の解釈の問題

抑揚形「況ンヤ…ヲや」で絞る!

傍線部B「**況欲㆔深造㆓道徳㆒者邪**」にも、大きな句法のポイントがある。

「**況…邪**」が、「いはンヤ…ヲや」と読み、「まして…はなおさらである」と訳す「**抑揚形**」だという点である。

選択肢をチェックすると、即、②か④に絞られる。

① ましてつきつめて道徳を理解しようとする者がいるのだろうか。

② まして道徳を体得できない者はなおさらであろう。

③ それでもやはり道徳を根付かせたい者がいるであろう。

④ ましてしっかりと道徳を身に付けたい者はなおさらであろう。

⑤ それでも道徳を普及させたい者はなおさらではないか。

重要句法 **抑揚の公式**

❶ **A《スラ》猶《ホ》B、況《ンヤ》C《ヲ》乎**
(尚《なホ》・且《かツ》)

読 Aスラなホ(かツ)B、いはンヤCヲや

訳 AでさえBなのだ(から)、ましてCであればなおさら(B)だ

❷ **A《スラ》猶《ホ》B、安《クンゾ》C《ン》乎**
(尚・且)

読 Aスラなホ(かツ)B、いづクンゾCンや

訳 AでさえBなのだ(から)、どうしてCであろうか、いやCでなくBだ

＊❷は、後半に反語形がくる形。

「ましてなおさらであろう」で、②か④に絞れるが、傍線部中に、「…できない」という不可能の表現はないから、②の「体得できない」はキズである。

読み方は、**「況《いは》んや深《ふか》く道徳《だうとく》に造《いた》らんと欲《ほつ》する者《もの》をや」**。

「**造**」は、「つくル」と読む以外に、「行く。来る。到達する」意味で「いたル」と読むことがある。

よって、**正解は④**。

解答 ④

問5 傍線部の内容（心情）説明の問題

文中に「解答の根拠」を見つける！

筆者（曽鞏）に、「願《ねが》はくは記有《きあ》らんことを（＝墨池についての文章を書いてもらえませんか）」と頼んできた「王君」とは、王羲之ではなく、現在、「墨池《ぼくち》の上《ほとり》」にある「州《しう》の学舎《がくしや》（注1＝州に設置された学校）」の「教授」である王盛である。

王盛は、「其《そ》の章《あらは》れざるを恐《おそ》」れて、「晋王右軍墨池（＝晋の王右軍の墨池）」の「六字」を「楹《えい》（注4＝家屋の正面の大きな柱）間《かん》」に、「書《しよ》し以《もつ》て之《これ》を掲《かか》」げたのである。

王盛が、学校の正面の柱の間に、ここは「晋の王右軍の墨池」であるとの書を掲げた、その「**王君《わうくん》の心《こころ》**」は、一つには、「**其《そ》の章《あらは》れざるを恐《おそ》れ**」たからである。それは、王羲之にまつわる墨池の故事が世にあらわれなくなること（＝忘れられること）を恐れたから、という意味である。

もう一つは、傍線部C「王君《わうくん》の心《こころ》」の後の「**其《そ》の事《こと》を推《お》して以《もつ》て其《そ》の学《まな》ぶ者《もの》を勉《はげ》まさんと欲《ほつ》**」したという点である。

「其《そ》の事《こと》」は、王羲之の墨池の故事。実は、この件は前書きにあるが、どういう話なのかは**問7**の**【資料】**まで行かなくては判然とせず、**【資料】**も、王羲之が「張芝」という書家の故事を言っているのであって、王羲之の故事そのものについては説明されていない。張芝にならって墨池で努力を重ねるということなのであろうと類推する。

つまり、王盛は、学校の柱の間に書を掲げたり、曽鞏に墨池についての文章を書いてもらうことによって、学校で学ぶ者たちを励まそうとした、ということである。

この二つのポイントをおさえているのは、②である。ほかの選択肢はいずれもキズだらけであるが、判断する上で大切なのは、「**選択肢に書いてあることが問題文のどこにあるか**」である。文中に根拠がないものは不正解である。

解答 ②

使役の公式で絞り込む！

すでに何度も見たように、返り点の付け方と書き下し文の組合せの問題では、返り点の付け方のチェックをするのではなく、まず、**「傍線部の中に句法（語法）のポイントがないか」**を見る。

やや長めの傍線部であるが、後半に**「使」**があるので、使役の公式に気がつかなければならない。

重要句法　使役の公式

A 使ム二 Bヲシテ（セ） C一　読　ＡＢヲシテＣ（セ）しム
（令・教・遣）　訳　ＡはＢにＣさせる

＊**Aは主語**（「使」の直前にはないこともある）。
＊**Bは使役の対象**（誰にやらせるか）。ここに「**ヲシテ**」という送り仮名が付くことがポイント。
＊**Cは使役の内容**（何をやらせるか）。

このポイントだけで、①・⑤は消去できる。

① 夫《か》の人の一能有りて後人を使ひて此《か》くのごとく之を尚《たっと》ぶ
② 夫の人を之れ一能有れば而《すなは》ち後人をして此くのごときに之《ゆ》くを尚ばしむ
③ 夫《そ》れ人の一能有りて後人をして之を尚ばしむること此くのごとし
④ 夫れ人を之れ一能にして後人をして之を尚ばしむること此くのごとき有り
⑤ 夫れ人の一能にして後人を使ひて之を尚ぶこと此くのごとき有り

「**夫**」は、①・②のように「かの」とも、③・④・⑤のように「それ」とも読む。

「**之**」も、①・③・⑤のように「の」とも、②・④のように「これ」とも、「ゆく」とも読む。

あとは、「**書き下し文のように読んだときに文意が通るか**」、その訳が「**文脈にあてはまるか**」である。

②は「あの人を一能があれば後世の人にこのように行くのを尊敬させる」であるが、意味がよくわからない。

③は、「そもそも人が一能があって後世の人にその人を尊敬させることはこのようである」。王羲之のように書なら書の一つの才能があることで、このように後世の人に尊敬されるので

ある、ということを言っているのである。

④は、「そもそも人をこれ一能であって後世の人にこれを尊敬させることはこのようであるものが有る」であるが、これも文意が通らない。

正解は③。

解答 ③

問7 「本文」および【資料】との内容合致問題

部分否定「未ダ必ズシモ…ず」で一発！

「合致しないもの」を選ぶ点に留意！

本文の主旨・趣旨ももちろん考えなければならないが、与えられている**【資料】**の比重は大きい。

「**張《ちやう》芝《し》池《いけ》に臨《のぞ》みて書《しょ》を学《まな》び、池水《ちすい》尽《ことごと》く黒《くろ》し**」は、後漢の書家である張芝が、池のほとりで書の鍛錬をしたとき、あまりの熱心さゆえに、筆を洗った池の水が墨で真っ黒になったという意味である。

「**人《ひと》をして之《これ》に耽《ふけ》ること是《か》くのごとくならしめば**」には、**問6**にもあった使役の公式があるが、「…しメバ」になっている場合、「…させれば」と訳すというより、「…ならば」という仮定と考えてよい例が多い。ここも、人をこのように熱中させれば、つまり、人がこの張芝が池を真っ黒にしたくらいに熱中して努力をすれば、という仮定について述べている。

「**未《いま》だ必《かなら》ずしも之《これ》に後《おく》れざるなり**」の「之《これ》」は張芝のことである。「必ずしも張芝におくれをとる（＝追いつけない。及ばない）とは限らないのである」という意味になる。

よって**選択肢①**の「（王羲之は）張芝には到底肩をならべることができないと考えていた」が違うということになる。

この末尾の部分には、「必ずしも…とは限らない」という**部分否定**の形がある。

重要句法 「未必…」の部分否定

未ダ二必ズシモA(セ)一 読 いまダかならズシモA（セ）ず 訳 必ずしもA（する）とは限らない

＊「**未**」が「**不**」でも意味は同じ。

②・③・④・⑤はそれぞれ、本文あるいは**【資料】**の内容と合致している。

解答 ①

4 『荘子《そうじ》』・『郁離子《いくりし》』

別冊（問題）p.36

解答・配点

問1 (1) ② (2) ④ （各4点 8点）
問2 ① （7点）
問3 ① （7点）
問4 ① （7点）
問5 (i) ⑤ （7点） (ii) ③ （7点） (iii) ① （7点）

/50

出典

文章Ⅰ **金谷《かなや》治《おさむ》訳注『荘子』**

『荘子』内篇《ないへん》の「斉物論第二」の、いわゆる「**朝三暮四**」の話の要約。「朝三暮四」の話は、『**列子《れっし》**』にあるものがよく教科書にもとられているが、内容は同じである。金谷治は中国文学者。

文章Ⅱ **劉基《りゅうき》『郁離子』**

明《みん》の劉基（一三一一～一三七五年）の撰《せん》による書物で、本文の猿の話のように、多く禽獣《きんじゅう》をかりてたとえとした怪談・寓《ぐう》言《げん》の中に、治世の要を説こうとしている。

【文章Ⅱ】は、おそらくは「朝三暮四」を土台としていると思われる。設問のほとんどは**【文章Ⅱ】**のほうであり、実質的には、長文一題による出題のセンター試験と変わりがない。

なお、この**【文章Ⅱ】**は、センター試験の前身の共通一次試験時代に、一九八四年度の追試験で出題されたことがある。

書き下し文・通釈

文章Ⅰ 『荘子』斉物論第二の「朝三暮四」のもとの文章の書き下し文。

狙公《そこう》、芧《とち》を賦《わか》ちて、「朝《あした》は三《さん》にし、暮《くれ》に四《し》にせん」と曰《い》ふに、衆狙皆怒《しゅうそみないか》れり。「然《しか》らば則《すなは》ち朝《あした》は四《し》にし、暮《くれ》に三《さん》にせん」と曰《い》ふに、衆狙皆悦《しゅうそみなよろこ》ぶ。

文章Ⅱ

▲書き下し文▼

楚《そ》に狙《そ》を養《やしな》ひて以《もつ》て生《せい》を為《な》す者有《ものあ》り。楚人之《そひとこれ》を狙公《そこう》と謂《い》ふ。旦日必《たんじつかなら》ず衆狙《しゅうそ》を庭《には》に部分《ぶぶん》して、老狙《らうそ》をして率《ひき》ゐて以《もつ》て山中《さんちゅう》に之《ゆ》き、草木《さうもく》の実《み》を求《もと》めしむ。什《じふ》の一《いち》を賦《ふ》して以《もつ》て自《みづか》ら奉《ほう》ず。或《ある》いは給《きふ》せずんば、則《すなは》ち鞭箠《べんすい》を加《くは》ふ。群狙皆畏《ぐんそみなおそ》れて之《これ》に苦《くる》しむも、敢《あ》へて違《たが》はざるなり。一日《いちじつ》、小狙《せうそ》有《あ》りて衆狙《しゅうそ》に謂《い》ひて曰《い》はく、「山《やま》の果《くわ》は、公《こう》の樹《う》うる所《ところ》か」と。曰《い》はく、「否《しから》ざるなり。天《てん》の生《しやう》ずるなり」と。曰《い》はく、「公《こう》に非《あら》ずんば得《え》て取《と》らざるか」と。曰《い》はく、「否《しから》ざるなり。皆得《みなえ》て取《と》るなり」と。曰《い》はく、「然《しか》らば則《すなは》ち吾何《われなん》ぞ彼《かれ》に仮《か》りて之《これ》が役《えき》を為《な》すや」と。言未《げんいま》だ既《つ》きざるに、衆狙皆寤《しゅうそみなさ》む。其《そ》の夕《ゆふべ》、相《あ》ひ与《とも》に狙公《そこう》の寝《い》ぬるを伺《うかが》ひ、柵《さく》を破《やぶ》り柙《をり》を毀《こぼ》ち、其《そ》の積《せき》を取《と》り、相《あ》ひ携《たづさ》へて林中《りんちゅう》に入《い》り、復《ま》た帰《かへ》らず。狙公卒《そこうつひ》に餒《う》ゑて死《し》す。

郁離子曰《いくりしい》はく、「世《よ》に術《じゅつ》を以《もつ》て民《たみ》を使《つか》ひて道揆無《だうきな》き者有《ものあ》るは、其《そ》れ狙公《そこう》のごときか。惟《た》だ其《そ》れ昏《くら》くして未《いま》だ覚《さと》らざるなり。一《いっ》旦之《たんこれ》を開《ひら》くこと有《あ》らば、其《そ》の術窮《じゅつきゅう》せん」と。

▲通釈▼

楚《そ》の国に、猿を飼って生計を立てている者がいた。楚の人々は彼のことを「狙公《そこう》（＝猿飼いの親方）」と呼んでいた。明け方（になると）必ずたくさんの猿たちを庭でグループごとに分けて、（そのグループの中で年長の）老猿に（群れを）率いて山の中に行き、草木の実を探（して集め）させた。（そうして猿が集めたうちの）十分の一を徴収して自らの暮らしをまかなっていた。（実を）探してこない（猿がいる）と、むちで打った。群れの猿たちは皆恐れてこれに苦しんでいたが、（狙公には）決してさからおうとはしなかった。ある日、小猿がいて群れの猿たちに言った、「山の木の実は、狙公が植えたものなのか」と。（群れの猿は）言った、「そうではない。（山の木の実は）天が生じさせたものだ」と。（小猿は）言った、「狙公でなければ取ることができないものなのか」と。（群れの猿は）言った、「そんなことはない。誰でも取ることができるものだ」と。（小猿は）言った、「それならば（＝誰でも取っていいのなら）、我々はどうしてあの人（狙公）のところにいて、あの人のために働いているのか」と。（小猿の）言葉がまだ終わらないうちに、猿たちは皆（自分たちが狙公に使われていることの不当さに）気がついた。その日の夕方、（猿たちは）皆でともに狙公の寝ている隙をうかがい、柵を破り檻《おり》をこわし、その狙公の蓄え（た木の実）を奪い、皆で手を取り合って林の中に入り、二度と（狙公のもとに）帰らなかった。（猿がいなくなって、生活ができなくなって）狙公はとうとう餓死してしまった。

郁離子は言う、「世の中に、（小手先の）術で民を使って道理にかなったきまりのない者（＝為政者）がいるのは、この狙公のようではないか。（小猿に言われるまで、群れの猿たちの誰もが気づかなかったように）ただ民たちが疎くてこれまで（治められていることの不当さに）気づかなかっただけなのである。いったん民たちがそれに気づくと、その術は行き詰まってしまうのである」と。

解説

問1 傍線部の語と同義の熟語を判断する問題

文脈から意味を考える！

傍線部の語（漢字）の意味と同じものを、選択肢の熟語の中から選ぶ問題には、次の三つのパターンがある。

A 傍線部の漢字を含む熟語そのものの意味が、傍線部の語の意味と合致するものを選ぶ。
B 熟語の中における、傍線部の漢字の用いられ方が、傍線部の語の用いられ方と合致するものを選ぶ。
C 傍線部の語の意味と、傍線部の漢字を含まない熟語群の中の一語の意味が合致するものを選ぶ。

今回は、右のAのパターンである。

(1)「**生**」は、**【文章Ⅱ】**冒頭の、「**楚《そ》に狙《そ》を養《やしな》ひて以《もつ》て生を為《な》す者《もの》有《あ》り**」という文中にある。

この人物が「狙公」であるが、これは、前書きに「猿飼いの親方」と注記がある。猿を飼って何かさせることによって「生《せい》を為《な》」しているのであるから、これは当然、②の「生計」を立てているということであろう。

(1)の**正解は**②「**生計**」。

①「往生」は「死ぬ」ことや「閉口する」こと。③「生成」は「生じて形を成す」こと。④「畜生」は「鳥・獣・虫・魚などの総称」。⑤「発生」は「事が起こり生ずる」こと。

(2)の「**積**」は、小猿の発言によって、自分たちが狙公にいいようにこき使われていたことに気づいた猿たちが、狙公の寝ている隙に、柵や檻《おり》をこわして、「**其《そ》の積を取《と》り**」、林の中に逃げ去り、二度と狙公のもとに戻ってこなかったという文脈(話の流れ)の中にある。

狙公は、猿たちに山の木の実を取って来させ、その「什《じふ》の一《いち》を賦《ふ》して(注4＝十分の一を徴収して)」生計を立てていたのである。猿がはたして人間のように労働して、取って来た実の十分の一を狙公にさしだしたりするものか、ツッコミたくなるところであるが、ともかく、狙公は猿からまきあげた木の実をためこんでいたのであろう。猿たちは、その「ためこんであった」木の実を奪って逃げたのである。

(2)の**正解は**④「**蓄積**」(＝たくわえてたまったもの)」。

①「積極」は「すすんで働きかけること」。②「積年」は「長年。つもる年月」。③「積分」は数学用語。⑤「容積」は「器物の中を満たしうる分量」。

解答 (1) ② (2) ④

問2 返り点・送り仮名の付け方と書き下し文の組合せの問題

使役の公式は「ヲシテ」がポイント

送り仮名も付けてある点にやや違いがあるが、この形式の問題は、すでに何度も見てきたように、**返り点の付け方は無視し**てよい。

まず、「**傍線部の中に句法(語法)のポイントがないか**」をチェックすると、ここも、40ページ同様、「**使**」による使役の公式がある。

重要句法 **使役の公式**

A使《ム》二B《ヲシテ》C《(セ)》一
(令・教・遣)

読 ABヲシテC(セ)しム

訳 AはBにCさせる

読み方のポイントは、「しム(使・令・教・遣)」の直下にある体言(使役の対象)に、「**ヲシテ**」が付くことである。このポイントだけで、答は①か③に絞られる。

① 老狙をして率《ひき》ゐて以て山中に之《ゆ》き、草木の実を求めしむ

② 老狙を使ひて率《おほむ》ね以て山中に之かしめ、草木の実を求む

③ 老狙をして率《とら》へしめて以て山中に之き、草木の実を求む

④ 使《も》し老狙率《ひき》ゐて以て山中に之かば、草木の実を求む

⑤ 老狙をば率《とら》へて以て山中に之き、草木の実を求めしむ

「使」は、むろん、②のように「**使《つか》ふ**」とも読む。「使」を「使ひて」と読んでおいて、続く動詞の送り仮名でさらに「しむ」と読む、次のような形がある。

命ジテレAニB（セ）シム　読 AにめいジテB（セ）シム
　訳 Aに命じてBさせる

右のように読む使役形は、「**命ジテ…**」以外にも、「**説《と》キテ…**」「**遣《つか》ハシテ…**」「**召《め》シテ…**」「**勧《すす》メテ…**」などがある。

しかし、②は「率ね以て」の文意がおかしい。

また、「使」は、④のように「**もシ**」と仮定形に読むこともあるが、この選択肢の中で、「しむ」と読んでいる選択肢が三つもあるのに、「もシ」が正解である可能性は低い。

さて、①と③を訳してみて、「**文意が通るか**」「**文脈にあてはまるか**」をチェックする。

①は、「老猿に（群れを）率いて山中に行き、草木の実を探させた」。

③は、「老猿に（群れを）捕らえさせて山中に行き、草木の実を探した」では、なぜ「捕らえさせ」るのかがわからないし、「草木の実を求め」たのが「狙公」になってしまう。

正解は①。

解答 ①

問3 書き下し文と解釈の組合せの問題

「所」の返読文字の用法に着眼！

選択肢を見渡してみると、①〜⑤のすべての選択肢が、傍線部B冒頭の三文字「**山之果**」を「山の果は」と読み、「山の木の実は」と解釈しているので、ここは判断の必要がない。

また、文末の「**与**」も、①〜⑤のすべての選択肢が「か」と読み、疑問に解釈している。

「**与**」は非常に用法の多い語であるが、文末に用いられて、「**乎・也・哉・邪・耶・歟**」などと同じく、**疑問・反語**の「や・か」になることがある。

ただ、③と⑤では、「与」を一度「与《あた》ふる」と読んでいなが

ら、文末で「か」とも読んで、二重に読んでいる点でミスがあるので消去する。

残っているのは「公所樹」であるが、ここも「公の」という読み方は共通している。

「所樹」のポイントは、「**所**」が**返読文字**であることである。よって、この二文字は「樹《う》うる所」と読まなければならない。「樹うる所」になっているのは①か⑤であるが、⑤は「与」のミスで消去してある。

よって、**正解は①**。

傍線部Bのあと、猿たちが「**否《しか》ざるなり。天《てん》の生《しゃう》ずるなり**(＝そうではない。天が生じさせたものだ)」と答えている文脈にも、あてはまっている。

同字異訓 **「与」の用法**

❶ **と**……「Aト与《と》レB」の形で、並列を表す。
貧ト**与《と》ハ**レ賤是レ人之《の》所レ悪《にく》ム也。

❷ **と**……「与レA」の形で、従属の関係を表す。
与《と》レ之《これ》行ク。

❸ **ともニ**……(副詞)いっしょに。(＝**倶・共**)
相ヒ**与《とも》ニ**還《かへ》ル。

❹ **(…ト)ともニ**……(…と)いっしょに。
与《とも》ニ二将軍ト一治ムレ兵ヲ。

❺ **(…ト)ともニス**……(サ変)(…と)いっしょにやる。
誰ト**与《とも》ニセン**。

❻ **(…ノ)ためニ**……(…の)ために。(＝**為**)
与《ため》ニレ君ノ歌ハン二一曲ヲ一。

❼ **か・や**……文末で**疑問・反語**を表す。(＝**乎・也・哉・邪・耶・歟**)
魯《ろ》ノ孔《こう》丘《きう》**与《か》**。

❽ **かな・か**……文末で**詠嘆**を表す。(＝**矣・夫・哉・乎**)
無為ニシテ而治マル者ハ其レ舜《しゅん》ナル**与《かな》**。

❾ **よリハ**……「与レA…」の形で、**比較・選択**を表す。
喪《も》ハ**与《より》ハ**二其ノ易《をさ》マラン一寧《むし》ロ戚《いた》メ。

❿ **あたフ**……(ハ・下二)与える。

⓫ **くみス**……(サ変)仲間になる。味方する。支持する。賛成する。かかわる。
吾ハ**与《くみ》セン**レ汝ニ。

⓬ **あづカル**……(ラ・四)かかわる。関与する。
与《あづ》カルレ政《まつりごと》ニ。

解答 ①

問4 傍線部の解釈の問題

郁離子は猿の話をしたいのではない！

まず、気がつかなければならないのは、**第一段落**では、狙公と猿たちの話をしているが、**第二段落**の「**郁離子曰《いくりしい》はく**」以降で郁離子が語っているのは、猿の話ではなく、「**世に**」存在する、「**術《じゅつ》を以《もっ》て民《たみ》を使《つか》ひて道揆《だうき》**（注8＝道理にかなった決まり）**無《な》き**」、「**狙公《そこう》のごとき**」者のことであるという点である。

つまり、「猿たち」や「猿飼いの親方」について言っているのではないから、③・④・⑤はズレていることになる。

猿たちが、狙公に山の木の実を採ってこさせられ、そこから十分の一を搾取されることに、何の疑問も抱かず従っていたのは、傍線部Cで言っているように、「**昏《くら》くして未《いま》だ覚《さと》らざる**（＝疎くてその不当さに気づかなかった）」からである。その無知につけこんで、狙公は猿たちを従わせていたのである。

ところが、小猿の一言によって、猿たちは、狙公にこきつかわれていることに「道揆」があるわけではないことに気づいて、皆で逃げたのである。

「**狙公**」は、「**為政者や役人**」、「**猿たち**」は、「**民**」に置きかえて郁離子の言いたいことを考える。

正解は①。

解答 ①

問5 会話文中の空欄を補充する問題

見かけの形式に惑わされないこと！

ここからは、「共通テスト」に移行したあとの「**新傾向**」の出題形式である。

(i) **X** は、**【文章Ⅰ】**が「**朝三暮四《ちょうさんぼし》**」の話であることがわかった上で、その意味を問う、「**知識」系の問題**である。このような問題を出すには、その「知識」がほぼすべての受験生にとって学習されているであろう公平性が担保されなければならないので、出題できる範囲は相当狭くなるであろう。

「**朝三暮四**」は、狙公側からいえば、⑤「内容を改めないで口先だけでごまかすこと」である。猿の側からいえば、「目先の利益にこだわって、結果は同じであることに気づかない」愚かさという意味にもなる。(i)の**正解は⑤**。

ちなみに、①は「**大同小異《だいどうしょうい》**」、②は「**朝令暮改《ちょうれいぼかい》**」、③は「**矛盾《むじゅん》**」の意味である。

(ii) **Y** に入るべきものは、生徒Aの言う、それによって「猿飼いの親方と猿との関係が変わってしまった」「運命の分かれ目」になった、あることである。

それは、ここまでの解説を通じても見てきたように、ある小猿が猿たちに聞いた、「**山《やま》の果《くわ》は、公《こう》の樹《う》うる所《ところ》か**（＝山の木の実は、狙公が植えたものなのか）」、「**公《こう》に非《あら》ずんば得《え》て取《と》らざるか**（＝狙公でなければ取ることができないものなのか）」、「**然《しか》らば則《すなは》ち吾何《われなん》ぞ彼《かれ》に仮《か》りて之《これ》が役《えき》を為《な》すや**（＝それならば（＝誰でも取っていいのなら）、我々はどうしてあの人のところにいて、あの人のために働いているのか）」という言葉である。

その小猿の言葉で、猿たちは自分たちが不当に扱われていることに気がついたのである。

よって、(ii)の**正解は③**。

① 猿飼いの親方がむちを打って猿をおどすようになったこと
② 猿飼いの親方が草木の実をすべて取るようになったこと
③ 小猿が猿たちに素朴な問いを投げかけたこと
④ 老猿が小猿に猿飼いの親方の素性を教えたこと
⑤ 老猿の指示で猿たちが林の中に逃げてしまったこと

(iii) **Z** は、第二段落の**郁離子の言葉の内容との合致問題**である。会話中の空欄補充という見慣れない形式にはなっているが、**要は与えられた問題文の読解問題**であるから、見かけに惑わされないことが大事である。

① 世の中には「術」によって民を使うばかりで、「道揆」に合うかを考えない猿飼いの親方のような者がいる
② 世の中には「術」をころころ変えて民を使い、「道揆」に沿わない猿飼いの親方のような者がいる
③ 世の中には「術」をめぐらせて民を使い、「道揆」を知らない民に反抗される猿飼いの親方のような者がいる
④ 世の中には「術」によって民を使おうとして、賞罰が「道揆」に合わない猿飼いの親方のような者がいる
⑤ 世の中には「術」で民をきびしく使い、民から「道揆」よりも多くをむさぼる猿飼いの親方のような者がいる

(iii)の**正解は①**。

解答 (i) ⑤ (ii) ③ (iii) ①

5

『史《し》記《き》』・「太《たい》公《こう》垂《すい》釣《ちょう》の図《ず》」

別冊（問題）
p.46

解答・配点

問1　(1) ①　(2) ⑤　（各4点　8点）
問2　(ア) ②　(イ) ④　（各4点　8点）
問3　⑤　（6点）
問4　③　（6点）
問5　①・⑥　（※完答　7点）
問6　A ③　B ⑤　（※完答　7点）
問7　⑤　（8点）

／50

出典

文章Ⅰ　**司馬遷《しばせん》『史記』**「斉太公世家第二」

『**史記**』は言うまでもなく、前漢の武帝《ぶてい》の時代の歴史家**司馬遷**（前一四五？～前八六年？）が著した、伝説時代から前漢の武帝の頃までを描いた、初めての中国の通史で、**正史《せいし》**の第一である。「**世家《せいか》**」とは諸侯の伝記で、**太公望呂尚《りょしょう》**（生没年不詳）は、周王朝建国のころの名将。文《ぶん》王によって見出されたが、武《ぶ》王の時、斉《せい》侯に封じられた。**【文章Ⅰ】**は、呂尚が文王に見いだされる、たいへん有名な場面である。

文章Ⅱ　**佐藤一斎《さとういっさい》**「**太公垂釣の図**」

佐藤一斎（一七七二～一八五九年）は、江戸時代後期の儒学者である。幕府の儒官となり、渡辺崋山《かざん》、佐久間象山《しょうざん》、安積《あさか》艮斎《ごんさい》、横井小楠《しょうなん》ら、多くの人材を輩出した。

【文章Ⅱ】そのものは、太公望のことを学んだ生徒たちが、太公望のことを詠んだ一斎の漢詩を見つけ、調べたことをまとめた資料の形になっている。

書き下し文・通釈

文章Ⅰ

▲書き下し文▼

呂尚《りよしやう》は蓋《けだ》し嘗《かつ》て窮困《きゆうこん》し、年老《としお》いたり。漁釣《ぎよてう》を以《もつ》て周《しう》の西伯《せいはく》に奸《もと》む。西伯将《せいはくまさ》に出《い》でて猟《か》りせんとし之《これ》を卜《うらな》ふ。曰《い》はく、「獲《う》る所《ところ》は龍《りゆう》に非《あら》ず、彲《みづち》に非《あら》ず、虎《とら》に非《あら》ず、羆《ひぐま》に非《あら》ず、獲《う》る所《ところ》は覇《は》王《わう》の輔《たす》けなり」と。是《ここ》に於《お》いて周《しう》の西伯猟《せいはくか》りす。果《は》たして太公《たいこう》に渭《ゐ》の陽《きた》に遇《あ》ふ。与《とも》に語《かた》りて大《おほ》いに説《よろこ》びて曰《い》はく、「吾《わ》が先君《せんくん》太公《たいこう》より曰《い》はく、『当《まさ》に聖人《せいじん》有《あ》りて周《しう》に適《ゆ》くべし。周以《しうもつ》て興《おこ》らん』と。子《し》は真《まこと》に是《こ》れなるか。吾《わ》が太公子《たいこうし》を望《のぞ》むこと久《ひさ》し」と。故《ゆゑ》に之《これ》を号《がう》して太公望《たいこうばう》と曰《い》ふ。載《の》せて与倶《とも》に帰《かへ》り、立《た》てて師《し》と為《な》す。

▲通釈▼

呂尚はそもそも以前から貧乏で、年老いていた。魚釣りをして（いつか機会を得て）周の西伯に知遇を得たいと思っていた。（ある時）西伯は狩りに出ようとしてこれ（＝どんな獲物があるか）を占った。（占いの結果は次のように）言った、「獲物は竜でもなく、みずち（＝水中にすむ竜の一種）でもなく、虎でもなく、羆《ひぐま》でもなく、獲るものは天下を支配する王を補佐《ほさ》する人物である」と。こうして周の西伯は猟に出かけた。（すると）案の定、（釣りをしている）呂尚に渭水の北岸で出会った。互いに語り合い、（呂尚の人柄・才覚のすぐれていることを知り）大いに喜んで言った、「私の亡き父太公から（こう）言われている、『必ずや聖人がいて周に行く（＝来る）であろう。周はその人によって栄えるであろう』と。あなたはまさにその人ではないか。私の父は久しくあなたを待ち望んでいた」と。それゆえ、呂尚を名づけて太公望という。（西伯は、呂尚を自分の車に）乗せていっしょに（邸《やしき》に）帰り、師の立場とし（て迎え入れ）たのであった。

文章Ⅱ

▲書き下し文▼

太公垂釣《たいこうすいてう》の図《づ》

謬《あやま》りて文王《ぶんわう》に載《の》せ得《え》て帰《かへ》られ
一竿《いつかん》の風月心《ふうげつこころ》と違《たが》ふ
想《おも》ふ君《きみ》が牧野《ぼくや》鷹揚《ようやう》の後《のち》
夢《ゆめ》は磻渓《はんけい》の旧釣磯《きうてうき》に在《あ》らん

解説

問1 漢字の読み方の問題

読みの問題は絶対の得点源！

(1)「**嘗**」は、動詞として、「こころミル（マ・上一）（＝試みる。ためす）」、「なム（マ・下二）（＝舐《な》める。経験する）」のように読むこともあるので、②「こころみに」、④「なめて」の可能性もあるにはあるが、それらの意味ではまったく文脈にあてはまらない。そもそも、「こころミル」「なム」と読むこと自体、知らなくてふつうである。

「嘗」の読みが問われるとすれば、①の「**かつて**」（副詞）（＝以前。ある時。今までに）しかない。「**未嘗…**（いまダかつテ…ず）」のように、再読文字「未」とともに用いられている例も多い。

ここは、呂尚が、文王に見いだされる以前の、「窮困」していた過去のことを言っている場面である。

(1)の**正解は①**。

③「すなはち」と読むのは「**則・乃・即・便・輒**」、⑤「なんぞ」と読むのは「**何・胡・奚・曷・庸・盍**」などである。

(2)「**与**」は、47ページで用法をまとめたように、漢文の受験勉強では最も重要な語の一つであり、①「あたへ」、②「あづかり」、⑤「ともに」が可能性としてあることになる。

この場面は、占いの予言どおりの人物に遭遇した西伯が、呂尚と「**与**《とも》**に**語《かた》りて大《おほ》いに説《よろこ》」んだととるべきであろう。「あたへ」では何を与えたのかがわからないし、「あづかり」では意味があてはまらない。

(2)の**正解は⑤**。

③「ここに」と読むのは「**此・是・斯・茲・焉**」など、④「すでに」と読むのは「**既・已**」である。

解答　(1) ①　(2) ⑤

問2 語の意味の問題

文脈にあてはまる意味を判断する

(ア)「**果**」は、「**はタシテ**」で、「思ったとおりに。案の定。ほんとうに」、あるいは「ついに。最終的に」の意。

「果」は、動詞「はタス（サ・四）（＝なしとげる）」、「はツ（タ・下二）（＝行き止まる。極まる。終わる。なくなる）」のようにも用いるが、選択肢はすべて連用修飾の形である。

西伯（文王）は、狩りに出る前の占いで、天下の覇王となるための補佐をする人物に出会うと予言されて出かけ、「**果たし**

て太公《たいこう》に渭《ゐ》の陽《きた》に遇《あ》」ったのである。当然、「狩りに出る前に占ったとおりに」という意味でなくてはならない。

よって、(ア)の**正解は②「案の定」**。

①「たまたま」では占いが関係なくなる。③「思いがけず」も同様である。④「やっとのことで」では、そこまでに何人かそれらしい人物に出会ったがハズレていて、などということになるが、文中にそのような話はない。⑤は、占いは予言であって、結果が「約束」されるというものではない。

(イ)「**当**」は、左下に「下」点があって、「適《ゆ》く」から返っている形から見て、**再読文字「まさニ…(ス)ベシ」**である。

再読文字は、36ページにまとめたが、「当」は、同じ読み方をする「応」とセットで覚えておきたい。

重要句法　再読文字「当・応」

当ニ シ レ A（ス）
読　まさニA（ス）ベシ
訳　当然A（する）べきだ。Aしなければならない。きっとA（する）だろう（＝**応**）。

応ニ シ レ A（ス）
読　まさニA（ス）ベシ
訳　きっとA（する）だろう。当然A（する）べきだ（＝**当**）。

ここは、「**先君太公**（注4＝西伯の亡父）」が言ったという「**当《まさ》に聖人《せいじん》有《あ》りて周《しう》に適《ゆ》くべし**」という会話文中にあるので、「きっと聖人がいて周に行く（＝来る）だろう」と、「きっと～だろう」の意にとるほうがよい。

よって、(イ)の**正解は④「きっと～だろう」**。

①「ぜひとも～すべきだ」は、「当」の本来の意味。
②「ちょうど～のようだ」は、**再読文字「猶・由」**。
③「どうして～しないのか」は、**再読文字「盍」**。
⑤「ただ～だけだ」は、「**ただ**（**唯・惟・但・徒・直・只・特・祇・止**）**～ノミ**（**耳・已・爾・而已・而已矣**）」。

解答　(ア)②　(イ)④

問3　返り点の付け方と書き下し文の組合せの問題

再読文字「将ニ…ントす」で答は一発！

もう何度も出てきた形式である。**返り点の付け方は無視**する。

「**傍線部の中に何らかの句法のポイントがないか**」をチェックする。すぐに「**将**」に気がつく。**問2**の「当」に続いて、ここも**再読文字**の問題である。

重要句法　**再読文字「将・且」**

将ニレ A（セ）ント
（且）

読　まさニA（セ）ントす
訳　いまにもA（し）ようとする
　　いまにもA（し）そうだ

読み方の上でのポイントは、「まさニ…ントす」の返り方である。これだけで、答は⑤になる。

①は、「将に」と読んではいるが、末尾が「べし」になっているので間違いである。

⑤は、「西伯はいまにも狩りに出かけようとして、狩りの成果を占った」となり、文意も通り、文脈にもあてはまる。

ちなみに、「将」は、②のように「将（＝将軍）」の意はあるが、「西伯の将」とは誰なのかわからない。

また、③のように「**はた**」と読んで、「ひょっとすると。もしや」「そうはいうものの」「やはり。その上また」のように訳すことも、④のように「**ひきゐる**」と読むこともあるが、意味をあてはめてみれば文脈上おかしいことはわかるし、選択肢に再読文字としての読み方があるのに、それが正解からはずされるということは、ほとんどない。

正解は⑤。

問4　傍線部の解釈の問題　　**解答**　⑤

選択肢の配分に着目せよ！

傍線部Bには送り仮名も付いているので、「**子《し》は真《まこと》に是《こ》れなるか**」と読む。

ポイントは二つある。

一つは、文頭の「**子**」で、選択肢は**3対2の配分**となっている。3と2のどちらが正しいか。

①・④・⑤は「我が子は（が）」。

②・③は「あなたは」。

この傍線部は、狩りの前に占ったとおりの、さらには、西伯の亡父太公が言っていたとおりの人物（＝呂尚）に出会った西伯が、呂尚に向かって言っている「子は」であるから、「こは」でなく、「しは」で、つまり、①・④・⑤の「我が子は（が）」でなく、②・③の「あなたは」でなくてはならない。

もう一つのポイントは、文末の「**邪**」である。これは、「**乎・也・哉・耶・歟**」と同じく、**疑問・反語**の「**や・か**」と読む字であるが、ここは「是れなるか」と、連体形についているから**疑問**の意味である。

① 我が子はまさにこれにちがいない。
② あなたはまさにその人だろうか、いや、そんなはずはない。
③ あなたはまさにその人ではないか。
④ 我が子がまさにその人だろうか、いや、そんなはずはない。
⑤ 我が子がまさにその人ではないか。

よって、**正解は③**になる。
②は、「あなたは…」は正しいが、後半が反語形の訳し方になっているので間違いである。

重要句法 **疑問・反語の「や・か」**

❶ **A邪**　読 Aか。A（スル）か。A（ス）や。
訳 Aか
Aするのか〔**疑問**〕

＊「邪」は、ほかに「**乎・也・哉・与・耶・歟**」を用いても同じ。
＊「や」と読むか、「か」と読むかには、次のような接続の問題がある。

体言（名詞）
活用語の連体形 ――→ **か**
活用語の終止形 ――→ **や**

❷ **A《（セ）ン》邪**　読 A（セ）ンや
訳 A（する）だろうか、いやA（し）ない
〔**反語**〕

＊反語形の場合は、必ず「**未然形＋ンや**」になる。「ン」は古文の推量の助動詞「む（ん）」。

解答 ③

問5 漢詩の形式・構成その他の問題

漢詩のきまりは知識で即答！

17ページにも掲げたが、「漢詩のきまり」について、再度確認しておこう。

漢詩のきまり

❶ **漢詩の形式**
五言絶句《ごごんぜっく》……一句が五字、全体が四句の詩。

七言《しちごん》絶句……一句が七字、全体が四句の詩。
五言律詩《りっし》……一句が五字、全体が八句の詩。
七言律詩……一句が七字、全体が八句の詩。
五言古詩《こし》……一句が五字、句数に制限のない詩。（ただし、偶数句）
七言古詩……一句が七字、句数に制限のない詩。（ただし、偶数句）

❷ **押韻《おういん》（韻をふむ）**
五言の詩……偶数句末。（第一句末も押韻することがある）
七言の詩……第一句末と偶数句末。（第一句末が押韻していないこともある）

❸ **漢詩の構成**
五言絶句の場合
○○○○○……起句《きく》……歌い起こす
○○○○●……承《しょう》句……起句を承《う》けて内容を展開
○○○○○……転《てん》句……前半の内容を一転させる
○○○○●……結《けっ》句……全体を結ぶ

七言律詩の場合
○○○○○○●
○○○○○○● ……首聯《しゅれん》

○○○○○○○
○○○○○○● ……頷《がん》聯（対句《ついく》）

○○○○○○○
○○○○○○● ……頸《けい》聯（対句）

○○○○○○○
○○○○○○● ……尾《び》聯

●は韻字

【文章Ⅱ】の佐藤一斎の詩は、**一句が七文字、全体で四句**であるから、「**七言絶句**」である。

七言の詩は、原則として、**第一句末と偶数句末が「押韻」**する。一斎の詩も、
第一句末……「**帰**（キ・ki）」

第二句末……「**違**（イ・i）」

第四句末……「**磯**（キ・ki）」

と、「（**イ・i**）」の音でひびきがそろっている。

よって、①は正しい。
②・③には、それぞれキズがある。

① この詩は七言絶句という形式であり、第一、二、四句の末字で押韻している。
② この詩は七言律詩という形式であり、第一句と偶数句

末で押韻し、また対句を構成している。

③ この詩は古体詩の七言詩であり、首聯《しゅれん》、頷聯《がんれん》、頸聯《けいれん》、尾《び》聯《れん》からなっている。

②は、「律詩」が間違い。また詩の中に「対句」もない。

③は、「古体詩」が間違い（絶句は「近体詩」である）。また、「首聯・頷聯・頸聯・尾聯」は「律詩」の構成である。

④・⑤・⑥のような問われ方は珍しい。そこに述べられているようなことは、授業の中で教わる機会があるかどうかはわからないが、読んでキズを考えるしかない。

④ この詩のような作品は中国語の訓練を積んだごく一部の知識人しか作ることができず、漢詩は日本人の創作活動の一つにはならなかった。

⑤ この詩のような作品を詠むことができたのは、漢詩を日本独自の文学様式に変化させたからで、日本人は江戸時代末期から漢詩を作るようになった。

⑥ この詩のように優れた作品を日本人が多く残しているのは、古くから日本人が漢詩文に親しみ、自らの教養の基礎としてきたからである。

④は、「中国語の訓練」が疑問。むろん漢詩を作るにあたっては中国語の知識があったほうがよいであろうが、必須ではない。また、「漢詩は日本人の創作活動の一つにはならなかった」は明らかな間違いである。奈良時代には『懐風藻《かいふうそう》』のような漢詩集も編まれているし、菅原道真《すがわらのみちざね》の漢詩などは、古文の『大鏡《おおかがみ》』などの学習を通しても勉強しているであろう。

⑤は、「日本独自の文学様式に変化させた」が間違い。漢詩の様式は中国での形のままに守られている。また、「江戸時代末期から漢詩を作るようになった」も間違い。④でも述べたように、奈良時代、平安時代にも漢詩は作られているし、中世には五山《ござん》の禅僧たちによってさかんに作られ、江戸時代には、「末期から」でなく、初期のころからもたくさんの作品がある。

⑥に述べられていることは、④・⑤の説明を通して言えば、正しいとしてよいであろう。

よって、**正解は①・⑥**。**完答**で7点。

解答 ①・⑥

問6 文中の誤りの判断と正しいものの選択の問題

「太公」が誰かは（注4）にある！

まず、A群の①〜③の中から、「誤った」ものを探す。

①の「文王との出会いが釣りであった」は、【文章Ⅰ】から見て、明らかに正しい。

②の、「釣り人のことを『太公望』と言」うのは、言葉の知識の問題であるが、正しい。

③であるが、「太公望」という呼ばれ方は、「太公」が「望」んだ人物という意味である。「太公」は、（注4）から「西伯の亡父を指す」とわかるのだから、③の「西伯が望んだ」は間違っていることになる。

A群の③が間違っているのだとすれば、B群の中から正しく改めたものを探すとなると、⑤・⑥のどちらかということになる。B群の①・②はA群の①について、B群の③・④はA群の②についての記述だからである。

B群の⑤・⑥のうち、正しいのは、やはり（注4）から考えて、⑤の「先君大公が望んだ人物」である。⑥は「子孫」が違っている。

A群の**正解は③**、B群の**正解は⑤**。**完答**で7点。

解答 A ③　B ⑤

問7 漢詩と生徒の文章との内容合致問題

漢詩の趣旨をしっかりとつかむ！

【文章Ⅱ】の佐藤一斎の漢詩には、現代語訳がついている。そして、さらに、それについて生徒が調べたことをまとめたという文章がある。

選択肢を見渡してみると、要は、【文章Ⅱ】に与えられていることについての内容合致問題とわかる。

① 第一句「謬りて」は、文王のために十分に活躍することはできなかったという太公望の控えめな態度を表現している。

② 第一句「謬りて」は、文王の補佐役になって殷を討伐した後の太公望のむなしさを表現している。

③ 第二句「心と違ふ」は、文王に見いだされなければ、このまま釣りをするだけの生活で終わってしまっていたという太公望の回想を表現している。

④ 第二句「心と違ふ」は、殷の勢威に対抗するために文王の補佐役となったが、その後の待遇に対する太公望の不満を表現している。

⑤ 第四句「夢」は、本来は釣磯で釣りを楽しんでいたか

ったという太公望の望みを表現している。

⑥ 第四句「夢」は、文王の覇業が成就した今、かなうことなら故郷の磻渓の領主になりたいという太公望の願いを表現している。

起句（**第一句**）の「**謬《あやま》りて**」は、与えられている現代語訳から考えて、「文王によって周に連れていかれてしま」ったことの「不本意」さを言っている。

生徒の文章によれば、この「不本意」な心境は、「一斎が七十歳を過ぎてから昌平坂《しょうへいざか》学問所（幕府直轄の学校）の教官となり、その時の自分の心境を示しているとも言われて」いるとある。

よって、①の「文王のために十分に活躍することはできなかった」も、②の「殷を討伐した後の太公望のむなしさ」も、どちらも合致しない。

承句（**第二句**）の「**心《こころ》と違《たが》ふ**」は、「釣り竿《ざお》一本だけの風月という願いとは、異なることになってしまった」という心情を言っている。「釣り竿一本だけの風月」の「風月」とは、本来は「風や月を材料として詩歌をよむこと」「自然の風物に親しむこと」ということであるが、「風流」と置きかえてもよい。つまり、「毎日釣りをして暮らす風流な生活」をしたいという願いとは異なってしまった、ということを言っている。

よって、③の「このまま釣りをするだけの生活で終わってしまっていた」も、④の「その後の待遇に対する太公望の不満」も、どちらも合致しない。

結句（**第四句**）で見ている「**夢《ゆめ》**」は、「磻渓《はんけい》の昔の釣磯《つりいそ》」である。つまり、「昔」よく釣り竿を垂れていた渭水のほとりの「磻渓」の「磯」を、功成った後、「毎夜夢に見ていたことであろう」ということである。呂尚は官について出世することよりも、釣りをして日々を送る生き方をしていたかったのではないかと、一斎は言っているのである。

もっとも、**【文章Ⅰ】**の冒頭では、「周《しゅう》の西伯《せいはく》に奸《もと》む（＝周の西伯に知遇を得たいと思っていた）」とあるのだから、詩は、あくまで一斎の心情を歌っていると言えよう。

よって、**正解は⑤**。

⑥は、「領主になりたいという太公望の願い」が誤り。

解答 ⑤

6

『続資治通鑑長編《ぞくしじつがんちょうへん》』

解答・配点

問1　③　（5点）

問2　Ⅰ①　Ⅱ③　（各6点　12点）

問3　(i)④　(ii)③　（各5点　10点）

問4　③　（7点）

問5　②　（8点）

問6　④　（8点）

/50

出典

本文　**李燾《りとう》**『続資治通鑑長編』巻五十五

李燾（一一一五～一一八四年）は、南宋《なんそう》の時代の歴史学者である。一一三八年に科挙に合格したのち、二十数年間、地方官を歴任した。その後、中央に召され、国史院編修官などになった。本書は、北宋の**司馬光《しばこう》**の史書**『資治通鑑』**の続編として、北宋九代の歴史を記したものである。

本文は、北宋の王嘉祐《おうかゆう》についてのエピソード。

資料　**曽先之《そうせんし》『十八史略《じゅうはっしりゃく》』**

宋末・元初の曽先之（生没年不詳）が、『史記《しき》』から『五代史《ごだいし》』までの十七の正史と、『宋史』の資料をもとに、初学者向けの読み物として著した。通俗的な通史であるが、読みやすく歴史を学べ、多くの格言・故事を含み、広く読まれた。日本にも室町時代に渡来し、江戸時代に盛んに読まれ、明治時代には小学校の教科書にも採用された。

資料は、**劉備《りゅうび》**と**諸葛亮《しょかつりょう》（孔明）**の「**水魚《すいぎょ》の交《まじ》わり**」の一部。

別冊（問題）p.56

書き下し文・通釈

本文

▲書き下し文▼

嘉祐《かいう》は、禹偁《うしよう》の子《こ》なり。嘉祐《かいう》は平時《へいじ》は愚騃《ぐがい》のごときも、独《ひと》り寇準《こうじゆん》のみ之《これ》を知《し》る。準開封府《じゆんかいほうふ》を知《し》りしとき、一日《いちじつ》、嘉祐《かいう》に問《と》ひて曰《い》はく、「外間準《ぐわいかんじゆん》を議《ぎ》すること云何《いかん》」と。嘉祐曰《かいうい》はく、「外人皆丈人旦夕《ぐわいじんみなぢやうじんたんせき》入《い》りて相《しやう》たらんと云《い》ふ」と。準曰《じゆんい》はく、「吾《ご》子《し》に於《お》いては意《おも》ふこと何如《いかん》」と。嘉祐曰《かいうい》はく、「愚《ぐ》を以《もつ》て之《これ》を観《み》るに、丈人未《ぢやうじんいま》だ相《しやう》と為《な》らざるに若《し》かず。相《しやう》と為《な》れば則《すなは》ち誉《よ》望損《ばうそこ》なはれん」と。準曰《じゆんい》はく、「何《なん》の故《ゆゑ》ぞ」と。嘉祐曰《かいうい》はく、「古《いにしへ》より賢相《けんしやう》の能《よ》く功業《こうげふ》を建《た》て生民《せいみん》を沢《たく》する所以《ゆゑん》は、其《そ》の君《くん》臣相《しんあ》ひ得《う》ること皆魚《みなうを》の水有《みづあ》るがごとければなり。故《ゆゑ》に言聴《げんき》かれ計従《けいしたが》はれ、而《しか》して功名倶《こうみやうとも》に美《び》なり。今丈人天下《いまぢやうじんてんか》の重望《ぢゆうばう》を負《お》ひ、相《しやう》たれば則《すなは》ち中外太平《ちゆうぐわいたいへい》を以《もつ》て責《もと》めん。丈人《ぢやうじん》の明主《めいしゆ》に于《お》けるや、能《よ》く魚《うを》の水有《みづあ》るがごときか。嘉祐《かいう》の誉望《よばう》の損《そこ》なはれんことを恐《おそ》るる所以《ゆゑん》なり」と。準喜《じゆんよろこ》び、起《た》ちて其《そ》の手《て》を執《と》りて曰《い》はく、「元之《げんし》は文章《ぶんしやう》は天下《てんか》に冠《くわん》たりと雖《いへど》も、深識遠慮《しんしきゑんりよ》に至《いた》りては、殆《ほとん》ど吾子《ごし》に勝《まさ》る能《あた》はざるなり」と。

▲通釈▼

王嘉祐《おうかゆう》は、（北宋の著名な文人である）王禹偁《おううしょう》の子である。嘉祐はふだんは愚かなようであったが、ひとり寇準《こうじゅん》だけは彼が決して愚かな人物ではないことを知っていた。寇準が開封府《かいほうふ》の知事を務めていたころ、ある日、嘉祐に尋ねて言った、「世間では私のことをどう論評しているか」と。嘉祐は（答えて）言った、「世間の人々は皆、あなたは間もなく朝廷に入って役職に就き、宰相になるだろうと言っています」と。寇準は言った、「あなたとしてはどう思うか」と。嘉祐は言った、「私が思いますには、あなたはまだ宰相にならないほうがよろしいでしょう。（もし）あなたが宰相となれば、あなたの名声は損なわれるでしょう」と。寇準は言った、「（それは）どうしてか」と。嘉祐は（答えて）言った、「昔から、賢相が功績を打ち立て人々に恩恵を施す（ような政治を行う）ことができたわけは、その君主と（宰相たる）臣下とが互いに理解し合えることが、皆、魚にとって水があるよう（な良好な関係）になっていたからです。それゆえ、（宰相の）進言は（君主に）聞き入れられ、（宰相の立てる）計画も（君主に）受け入れられて、功績と名誉がともに賛美されるものとなったのです。今、あなたは天下の（人々の）大きな期待を背負い、宰相となれば国中（の人々）が（あなたの力による）太平を望むでしょう。（しかし、今）

あなたは君主にとって、魚にとって水が（必要で）あるような存在でしょうか（まだそこまでとは言えないのではないでしょうか）。（これが）私が（あなたの）名声が損なわれることを危《き》惧《ぐ》する理由でございます」と。（それを聞いて）寇準は喜び、立ち上がって嘉祐の手をとって言った、「（あなたの父の）元之《げんし》は文章においては天下第一ではあるが、見識や思慮の深遠さにいたっては、おそらくあなたにはかなわないであろう」と。

資料

▲書き下し文▼

備《び》曰《い》はく、「善《よ》し」と。亮《りやう》と情好《じやうかう》日《ひ》に密《みつ》なり。曰《い》はく、「孤《こ》の孔明《こうめい》有《あ》るは、猶《な》ほ魚《うを》の水《みづ》有《あ》るがごときなり」と。

▲通釈▼

劉備は言った、「よかろう」と。（こうして劉備と）諸葛亮との交情の親密さは日に日に増していった。（あるとき、劉備は）言った、「私にとって孔明がいるのは、あたかも魚にとって水があるようなものだ」と。

解説

問1 二語の意味の組合せの正否を判断する問題

文脈にあてはまる意味を判断する

X「**議**」・Y「**沢**」とも送り仮名がないが、いずれも音読みしてサ変動詞「**議《ぎ》す**」「**沢《たく》す**」で、文中では、Xが「議すること」、Yは「沢する」と読む。

X「**議**」の字の意味としては、①「相談する」、②「非難する」、③「論評する」、⑤「批判する」は可能性がある。

この場面は、寇準が、嘉祐に、「外間《ぐわいかん》（注6＝世間）準《じゆん》を議《ぎ》すること云何《いかん》（＝世間では私のことをどのように「議」しているか）」と尋ねている。それに対して、嘉祐は、「外人皆丈人《ぐわいじんみなぢやうじん》（注7＝あなた）旦夕《たんせき》（注8＝すぐに）入《い》りて（注9＝朝廷に入り、役職に就いて）相《しやう》たらんと云《い》ふ（＝世間の人々は皆あなたは間もなく朝廷に入って役職に就き、宰相になるだろうと言っています）」と答えている。

②「非難」、⑤「批判」のように、あらかじめマイナス評価をしていることを尋ねているのはおかしいし、世間が自分のことを①「相談」しているかを尋ねているのでもないであろう。

④の「礼賛」は②・⑤とは逆に、あらかじめプラス評価を尋

ねるのもおかしいし、「議」の字義にもはずれる。

よって、Xは③「**論評する**」。

Y「**沢**」の③は「**恩恵を施す**」になっているが、「功業《こうげふ》を建《た》て生民《せいみん》（注12＝人々）を沢《たく》する」であるから、文脈にあてはめて矛盾がない。

「沢す」は、動詞として訓読みすれば「うるほス（サ・四）」で、「ぬらす。しめらせる」「めぐむ。恩恵を施す」の意。

よって、**正解は③**。

解答 ③

問2 短い波線部の解釈の問題

指示語の内容と「知」がポイント！

波線部Ⅰ・Ⅱとも、送り仮名が省かれている。

Ⅰ「**知レ之**」は、「**之《これ》を知る**」である。「知る」については①～⑤のすべての選択肢が「～を知っていた」と共通しているから、これは、**「之」という指示語の内容の問題**である。

指示語の内容は、基本的には前にあり、ここも前を見るのであるが、ちょっとヒネリがある。

「嘉祐《かいう》は平時《へいじ》は愚騃《ぐがい》（注3＝愚かなこと）のごとき**も**、独《ひと》り寇準《こうじゅん》のみ之を知る（＝嘉祐はふだんは愚かなようであった**が**、ひとり寇準だけはこれを知っていた）」という文脈にある。

「**も**」は**逆接の接続助詞**である。

それゆえ、「これ」は、「愚かでないこと」でなければならない。「嘉祐はふだんは愚かなように見えた**が**、ひとり寇準だけは嘉祐が愚かでないことを知っていた」のである。

よって、嘉祐が「愚かである」ことになっている③・④は消去する。②は、このあとの本文を読んでいっても、「乱世には非凡な才能を見せる」話にはなっていないし、⑤のように、父の「文才を受け継いでいる」のかどうかも、文中にない。

Ⅰの**正解は①**。

① 王嘉祐が決して愚かな人物ではないことを知っていた
② 王嘉祐が乱世には非凡な才能を見せることを知っていた
③ 王嘉祐が世間の評判通り愚かであるということを知っていた
④ 王嘉祐が王禹偁の子にしては愚かなことを知っていた
⑤ 王嘉祐が王禹偁の文才を受け継いでいることを知っていた

Ⅱ「**知二開封府一**」にも「知」があり、読み方は、「**開封**《かいほう》

府《ふ》（注5＝北宋の都）**を知る**」である。

この波線部の主語は「準（＝寇準）」である。「寇準」は注4にあるように「北宋の著名な政治家」なのであるから、ここでの「知る」は、古文でも重要単語である「**治める**。**統治する**」意味の「しル（ラ・四）（＝知る・領る・治る）」であり、文脈の中では、「（開封府を）知りしとき」、あるいは「知れりしとき」と読む。あるいは、「知《ち》」と読んで、「知事。州・県などの長官」の意の名詞ととり、「（開封府に）知《ち》たりしとき」と読んでもよい。よって、③の「知事を務めていた」が正しい。

Ⅱの**正解は③**。

解答　Ⅰ①　Ⅱ③

問3　傍線部の書き下し文と解釈の問題

比較の公式と後半選択肢の配分に注意！

（i）書き下し文

傍線部Aは二つの文に分けられるが、まず、**前半**にある、「**不若**」に着目しなくてはならない。

もう一点、**再読文字「未」**があるが、これは①～⑤すべての選択肢が「未だ…ず」と読んでいる。

「**不若**」は「**不如**」と同じで、「しカず」。37ページでも見た比較の公式である。

重要句法　比較の公式

Aハ不ㇾ若カㇾBニ（如）
読　AハBニしカず
訳　AはBには及ばない
AよりもBのほうがよい

Aハ無シㇾ若クハㇾBニ（莫）（如）
読　AハBニしクハなし
訳　Aに関してはBにまさるものはない
Aに関してはBが一番だ

ただし、この傍線部の場合、右の公式のAにあたるのは、直前の「丈人《ぢやうじん》」ではなく、「外人《ぐわいじん》（＝世間の人々）」が言っていた、寇準が「入《い》りて相《しやう》たらん」、つまり、朝廷に入って宰相になること、「不若」の下にある「為相」である。

それゆえ、公式の形になるように、Aに相当する表現を補うと、前半部は次のようになる。

丈人　**為ルハㇾ相ト**　不ㇾ若カㇾ未ダㇾ為ㇾ相。

いずれにせよ、「**丈人《ちやうじん》…に若《し》かず**」と読まなければならないので、②か④になり、「相」に「なる」ほうがいいのか、「ならない」ほうがいいのかという比較であるから、②のように、

「相《しやう》の為《ため》に」と読んでは意味が通らない。

ちなみに、①や⑤のように、「丈人《ぢやうじん》に若《し》かずんば」と読むには、語順が、「不レ若二丈人一」でなければならない。

後半の読み方には、

①・③・④の「相《しやう》と為《な》れば則《すなは》ち誉望損《よばうそこ》なはれんと」

②・⑤の「相《しやう》の為《ため》にすれば則《すなは》ち誉望損《よばうそこ》なはれんと」

と、**3対2の配分**がある。

ここも、「為相」が「相《しやう》の為《ため》にすれば」では意味が通らないから、②・⑤は消去。

よって、(i)の書き下し文の**正解は④**である。

① 丈人に若《し》かずんば未だ相と為《な》らず。相と為れば則ち誉望損なはれんと

② 丈人未だ相の為《ため》にせざるに若かず。相の為にすれば則ち誉望損なはれんと

③ 丈人若《なんぢ》の未だ相と為らずんば不《あら》ず。相と為れば則ち誉望損なはれんと

④ 丈人未だ相と為らざるに若かず。相と為れば則ち誉望損なはれんと

⑤ 丈人に若かずんば未だ相の為にせず。相の為にすれば則ち誉望損なはれんと

(ii) **解釈**

(i)の書き下し文の正解が④となれば、その読み方どおりに訳してみると、「あなたはまだ宰相にならないほうがよい。宰相になったら名声が損なわれるであろう」である。

よって、(ii)の解釈の**正解は③**。

ここも、キズをチェックしてみると次のようになる。

① 誰もあなたに及ばないとしたら宰相を補佐する人はいません。ただ、もし補佐する人が現れたら、あなたの名声は損なわれるでしょう。

② あなたはまだ宰相を補佐しないほうがよろしいでしょう。もし、あなたが宰相を補佐すれば、あなたの名声は損なわれるでしょう。

③ あなたはまだ宰相とならないほうがよろしいでしょう。もし、あなたが宰相となれば、あなたの名声は損なわれるでしょう。

④ あなたは今や宰相とならないわけにはいきません。ただ、あなたが宰相となれば、あなたの名声は損なわれるでしょう。

⑤ 誰もあなたに及ばないとしたら宰相となる人はいません。ただ、もし宰相となる人が現れたら、あなたの名

声は損なわれるでしょう。

解答　(i) ④　(ii) ③

問4　傍線部の内容説明（主体の判断）の問題

【資料】と直前部から判断する

傍線部B「**言聴《げんき》かれ計従《けいしたが》はれ**」そのものは、「言葉は聞き入れられ、計画も受け入れられる」という意味である。

直前に「**故《ゆゑ》に**（＝それゆえ。だから）」があるから、「言聴《げんき》かれ計従《けいしたが》はれ」る理由は、さらにその前に述べられていることになる。

「**古《いにしへ》より賢相《けんしやう》の能《よ》く功業《こうげふ》を建《た》て生民《せいみん》を沢《たく》する所以《ゆゑん》は、其《そ》の君臣《くんしん》相《あ》ひ得《う》ること皆魚《みなうを》の水《みづ》有《あ》るがごとければなり**（＝昔から、賢相が功績を打ち立て人々に恩恵を施す（ような政治を行う）ことができたわけは、その君主と臣下とが互いに理解し合えることが皆、魚にとって水がある（ような良好な関係）になっていたからです）」と述べられている。

ここには、**【資料】**に与えられている、蜀の劉備がその臣諸葛亮孔明について言った有名な言葉、「**孤《こ》の孔明《こうめい》有《あ》るは、猶《な》ほ魚《うを》の水《みづ》有《あ》るがごときなり**（＝私にとって孔明がいるのは、あたかも魚にとって水があるようなものだ）」が引用されている。

劉備の言によれば、「**魚**」が君主である自分で、「**水**」は孔明ということになる。「魚」は「水」がなければ生きていけないのだから、劉備はそれだけ孔明を大切にし自分をへり下らせているのである。

ここから、「**水魚の交わり**」という語が生まれ、本来は親密な君臣関係を言っているが、斉《せい》の管仲《かんちゅう》と鮑叔牙《ほうしゅくが》の「**管鮑《かんぽう》の交わり**」や、趙《ちょう》の廉頗《れんぱ》と藺相如《りんしょうじょ》の「**刎頸《ふんけい》の交わり**」などと同じく、友情の親密さを指す語になっている。

重要単語　**王侯の謙（自）称**

孤（こ）……………「孤」は卑しい意。
寡人（くわじん）……人徳の寡《すくな》い者の意。
不穀（ふこく）………「穀」は「善」で、不善の意。

ここは**「君臣」関係**を述べている部分である。君臣関係が、「水魚の交わり」のように良好なものとなっていてはじめて、「言聴かれ計従はれ」るのである。

とすれば、この傍線部は、「臣」の「言」や「計」が、「君」によって「聴かれ」「従はれ」る、つまり、「聞き入れられ」「受け入れられ」るということでなければならない。

よって、**正解は③**。

「言・計」の主体が「賢相」なので一発で③である。

解答 ③

問5 傍線部の理由説明の問題

理由は傍線部の近くで述べられる！

傍線部C「**嘉祐《かいう》の誉望《よばう》の損《そこ》なはれんことを恐《おそ》るる所以《ゆゑん》なり**」は、「（これが）私嘉祐が（あなたの）名声が損なわれることを危惧する理由でございます」という意味である。

「誉望《よばう》の損《そこ》なはれんこと」については、**問3**の傍線部Aで嘉祐が述べていた、「相《しやう》と為《な》れば則《すなは》ち誉望損《よばうそこ》なはれん（＝宰相になったら名声が損なわれるでしょう）」を踏まえている。

長い選択肢であるが、**前半**の冒頭が、**2対2対1の配分**であることに着眼したい。

①・⑤は、「宰相は寇準に対して」

②・④は、「人々は寇準に対して」

③だけが、「皇帝は寇準に対して」

となっている。

さて、「寇準に対して天下を太平にしてほしいと期待」しているのは、②・④の「人々」である。これは、傍線部の前の、「**今丈人天下《いまちやうじんてんか》の重望《ちゆうばう》を負《お》ひ、相《しやう》たれば則《すなは》ち中外《ちゆうぐわい》太平《たいへい》を以《もつ》て責《もと》めん**（＝今あなたは天下の人々の大きな期待を背負い、宰相となれば国中の人々が（あなたの力による）太平を望むでしょう）」を踏まえている。

「中外」は、注6の「外間」、「外人」と同じ意味である。

よって、答は②か④である。

選択肢**後半**は、さきほどの一文に続けて述べられている、「**丈人《ちやうじん》の明主《めいしゆ》に于《お》けるや、能《よ》く魚《うを》の水有《みづあ》るがごときか**（＝あなたは君主にとって、魚にとって水があるような存在でしょうか）」を踏まえている。つまり、そのような関係になっていなかったら、あなたの「誉望《よばう》」が「損《そこ》なはれんことを恐《おそ》」れる、と嘉祐は言っているのである。

とすると、④の「もし寇準が皇帝の意向に従ってしまえば」ではなく、②の「もし寇準が皇帝と親密な状態になれなければ」、つまり「**魚《うを》の水有《みづあ》るがごとき**」状態になれなければ、のほうが正しい。

後半だけなら、⑤も微妙だが、前半で消去できる。

正解は②。

宰相になっても、君主と良好な関係が築けていないと、「言《げん》」は「聴《き》かれ」ず、「計《けい》」は「従《したが》はれ」ず、それでは「功業《こうげふ》を建《た》て」ることも、「生民《せいみん》を沢《たく》する」こともできず、「太平《たいへい》」は実現されなくなり、人々の「期待は失われてしまう」ことになる、ということである。

傍線部中および少し前にもあった「**所以**《ゆゑん》」は重要語である。

重要単語　「所以」の意味

❶ **理由・わけ**
所‐以㆔恐ルル㆓誉望之損ナハレンコトヲ㆒也。

❷ **方法・手段**
法令ハ**所‐以**㆓導㆑クレ民ヲ也。

❸ **…するところのもの。…するためのもの**
目者は**所‐以**㆓見ル㆒也。

解答 ②

問6 傍線部の内容説明および本文の主旨を判断する問題

長い選択肢はほぼ内容合致問題！

傍線部Dを含む、寇準の言葉を冒頭から見てみよう。

「**元之**《げんし》**は文章**《ぶんしやう》**は天下**《てんか》**に冠**《くわん》**たりと雖**《いへど》**も、深識遠慮**《しんしきゑんりよ》**に至**《いた》**りては、殆**《ほとん》**ど吾子**《ごし》**に勝**《まさ》**る能**《あた》**はざるなり**」である。

「元之」は注14および注2にあるように、嘉祐の父で、著名な文人であった人。

「（あなたの父の）元之は文章においては天下第一ではあるが、見識や思慮の深さにいたっては、おそらくあなたにはかなわないであろう」と言っている。

ここには、「**不**㆑**能**（あたハず）」の形があるが、本文中には「**能**《よ》**ク**」と読む形もあるので、まとめておく。

重要句法　「能」の用法

❶ **能ク A ス**
読 よクAス
訳 Aできる

❷ **無**㆓**シ能ク A スル(モノ)**㆒
読 よクAスル（モノ）なシ
訳 Aできるものはない

❸ **不**㆑**能ハ**㆑**A スル(コト)**
読 Aスル（コト）あたハず
訳 A（することが）できない

❹ **能クス**
読 よクス（サ変動詞）
訳 できる

選択肢はこれも長いが、**後半**の、「父の王禹偁」がどのような点で「王嘉祐」にかなわないかの説明としては、④の「見識の高さという点では」が最も適当であろう。

①の「政治家としての思考の適切さ」、②の「意志の強さ」、

③の「歴史についての知識の深さ」、⑤の「言動の慎重さ」は、いずれも、文中にそのように判断できる根拠がない。

選択肢**前半**部は、**本文との内容合致問題**である。

④の、「王嘉祐は皇帝と宰相の政治的関係を深く理解し」は、君臣関係が「魚《うを》の水有《みづあ》るがごとき」良好な関係になってはじめて、宰相の「言・計」が君主に聞き入れられ、受け入れられて、「生民《せいみん》を沢《たく》する」、天下に「太平《たいへい》」をもたらす政治が行えるのだと述べたことに相当する。また、「寇準の今後の進退について的確に進言している」も、**問3**の傍線部Aで、まだ宰相にならないほうがよいと進言したことに相当している。

よって、**正解は④**。

---

① 王嘉祐は宰相が政治を行う時、どのように人々と向き合うべきかを深く知っている。したがって政治家としての思考の適切さという点では、父の王禹偁もおそらく王嘉祐にはかなわない。

② 王嘉祐は寇準の政治的立場に深く配慮し、世間の意見の大勢にははっきりと反対している。したがって意志の強さという点では、父の王禹偁もおそらく王嘉祐にはかなわない。

③ 王嘉祐は今の政治を分析するにあたり、古代の宰相の功績を参考にしている。したがって歴史についての知識の深さという点では、父の王禹偁もおそらく王嘉祐にはかなわない。

④ 王嘉祐は皇帝と宰相の政治的関係を深く理解し、寇準の今後の進退について的確に進言している。したがって見識の高さという点では、父の王禹偁もおそらく王嘉祐にはかなわない。

⑤ 王嘉祐は理想的君臣関係について深く考えてはいるものの、寇準に問われてはじめて自らの政治的見解を述べている。したがって言動の慎重さという点では、父の王禹偁もおそらく王嘉祐にはかなわない。

解答 ④

7

『白石先生遺文《はくせきせんせいいぶん》』

別冊（問題）
p.66

解答・配点

問1 (ア) ⑤　(イ) ②　（各4点　8点）

問2 (1) ②　(2) ③　（各5点　10点）

問3 ②　（8点）

問4 ④　（8点）

問5 ②　（8点）

問6 ①　（8点）

／50

出典

本文 **新井白石《あらいはくせき》**『**白石先生遺文**』「江関遺聞序」

新井白石（一六五七〜一七二五年）は、江戸時代中期の学者・政治家である。名は君美《きみよし（きんみ）》で、白石は号。木下順庵《きのしたじゅんあん》に朱子学を学び、甲府侯であった徳川綱豊《つなとよ》に仕えた。綱豊が六代将軍家宣《いえのぶ》になったことで幕政に加わり、「武家諸法度」の改訂や、貨幣の改良、長崎貿易の制限など、「正徳《しょうとく》の治《ち》」とよばれる善政を行った。学者としてもすぐれ、多方面に才能を発揮し、漢詩人としても評価が高い。主な著書に、『**折たく柴《しば》の記**』『読史余論』『藩翰譜《はんかんふ》』『西洋紀聞』などがある。

資料 **呂不韋《りょふい》**『**呂氏春秋《りょししゅんじゅう》**』

秦《しん》の**呂不韋**（?〜前二三五年）による、百科全書的史論書。孔子《こうし》が編んだといわれる『春秋』にならって、呂不韋が当時の学者を集めて作らせたといわれる。

【資料】の文は、「**舟に刻みて剣を求む**」という故事として有名なものである。

書き下し文・通釈

本文

▲書き下し文▼

　雷霆《らいてい》を百里《ひやくり》の外《そと》に聴《き》けば、盆《ぼん》を鼓《こ》するがごとく、江河《かうが》を千《せん》里《り》の間《かん》に望《のぞ》めば、帯《おび》を縈《まと》ふがごときは、其《そ》の相《あ》ひ去《さ》るの遠《とほ》きを以《もつ》てなり。故《ゆゑ》に千載《せんざい》の下《もと》に居《を》りて之《これ》を千載《せんざい》の上《うへ》に求《もと》むるに、相《あ》ひ去《さ》るの遠《とほ》きを以《もつ》て其《そ》の変《へん》有《あ》るを知《し》らざれば、則《すなは》ち猶《な》ほ舟《ふね》に刻《きざ》みて剣《けん》を求《もと》むるがごとし。今《いま》の求《もと》むる所《ところ》は、往者《わうしや》の失《うしな》ふ所《ところ》に非《あら》ざるも、其《そ》の刻《きざ》みしは此《ここ》に在《あ》り、是《こ》れ従《よ》りて墜《お》つる所《ところ》なりと謂《おも》へり。豈《あ》に惑《まど》ひならずや。

　今夫《いまそ》れ江戸《えど》は、世《よ》の称《しよう》する所《ところ》の名都大邑《めいとだいいふ》、冠蓋《くわんがい》の集《あつ》まる所《ところ》、舟車《しうしや》の湊《あつ》まる所《ところ》にして、実《まこと》に天下《てんか》の大都会《だいとくわい》たるなり。而《しか》れども其《そ》の地《ち》の名《な》たる、之《これ》を古《いにしへ》に訪《たづ》ぬるも、未《いま》だ之《これ》を聞《き》かず。豈《あ》に古今《ここん》相《あ》ひ去《さ》ること日《ひび》に遠《とほ》く、事物《じぶつ》の変《へん》も亦《ま》た其《そ》の間《かん》に在《あ》るに非《あら》ずや。蓋《けだ》し知《し》る、後《のち》の今《いま》に於《お》けるも、世《よ》の相《あ》ひ去《さ》ること愈《いよいよ》遠《とほ》く、事《こと》の相《あ》ひ変《へん》ずること愈《いよいよ》多《おほ》く、其《そ》の聞《き》かんと欲《ほつ》する所《ところ》を求《もと》むるも得《う》べからざること、亦《ま》た猶《な》ほ今《いま》の古《いにしへ》に於《お》けるがごときを。

　吾窃《われひそか》に焉《これ》に感《かん》ずる有《あ》り。『遺聞《ゐぶん》』の書《しよ》、由《よ》りて作《つく》る所《ところ》なり。

7

『白石先生遺文』

▲通釈▼

　雷鳴も百里離れたところで聞くと、盆（＝酒などを入れる容器）を叩《たた》いているくらい（の小さな音）に聞こえ、（長江や黄河のような）大きな川も、千里も隔てたところで眺めると、身にまとっている帯くらい（の幅）に見えるのは、遠く離れたところから聞いたり見たりしているからである。それゆえ（それは距離だけでなく時間についても同様で）、現在の時点から遠い過去のことを知ろうとしても、長い時間が経っているために（その間に事物が）変化しているということをわかっていないと、あたかも「舟に刻みて剣を求む」（という故事）のようなことになる。今（剣を）探しているところは、（舟は動いているのだから）先刻（剣を）なくしたところではないのに、舟べりに刻んだ印《しるし》はここなのだから、ここが（剣が）落ちたところだと思っている。（それと同じで、現在から過去を知ろうとしても、長い時間の隔たりの中で、わからなくなっていることが多い。それに気づかないのは）なんと愚かなことではないだろうか。

　今、そもそも江戸は、世に称《たた》えるところの有名な大都市であり、身分の高い人々が集まるところで、水陸の交通の要衝（舟や車が集まるところ）であって、誠に天下の大都会である。しかし、（今はこれだけの大きな都市も）その（江戸という）土地の名を、古い記録や書物の中に探しても、見つからない。（つまり、江戸は昔から繁華だったわけではないのであって）なんと昔から今にいたるまでに長い時間が流れ、その間にまた事物も（大きく）変化しているということではなかろうか。そう考えると、未来と現在についても（同じことが言えるであろうから）、時間はいっそう遠く隔たり、（その間に生じる）事物の変化もいっそう多くなって、（未来から振り返って現在のことを）知りたいと思うことを探ってもわからなくなっているであろうことは、ちょうど現在と過去（つまり、今、昔のことがわからなくなっているの）と同じであろう。

私は内心このことに感ずるところがあって、（後世の人々のために、今の江戸の姿を記しておきたいと思い）この『江関遺聞』をこのような理由で作ったのである。

資料

▲書き下し文▼

楚《そ》人《ひと》に江《かう》を渉《わた》る者《もの》有《あ》り。其《そ》の剣舟中《けんしうちゆう》より水《みづ》に堕《お》つ。遽《には》かに其《そ》の舟《ふね》に契《きざ》みて曰《い》はく、「是《こ》れ吾《わ》が剣《けん》の従《よ》りて堕《お》つる所《ところ》なり」と。舟止《ふねとど》まり、其《そ》の契《きざ》む所《ところ》の者《もの》より、水《みづ》に入《い》りて之《これ》を求《もと》む。舟《ふね》は已《すで》に往《ゆ》けり。而《しか》も剣《けん》は行《ゆ》かず。剣《けん》を求《もと》むること此《か》くのごときは、亦惑《またまど》ひならずや。

▲通釈▼

楚《そ》の国の人で、（舟で）川を渡っている人がいた。その人の剣が舟の中から川に落ちてしまった。あわてて舟ばたに印をつけて言った、「ここが私の剣の落ちたところだ」と。（やがて向こう岸について）舟がとまり、その印をつけたところから、川に飛びこんで剣を探した。舟はとっくに進んでいる。しかし（水に落ちた）剣は動いていない。剣の探し方がこのようでは、なんとばかばかしいことではないか。

解説

問1 語（漢字）の読み方の問題

「蓋（けだシ）」は読みの頻出語！

(ア)「**蓋**」は、読みの問題の頻出語である。「**けだシ**」と読み、「思うに……。おそらく……」の意。**再読文字**「**盍**（なんゾ…ざル）」と間違いやすいので気をつけたい。

(アの**正解は**⑤「けだし」。

①「なんぞ」と読むのは、「**盍**」もそうであるが、「**何・胡・奚・曷・庸・何遽**」など。「蓋」も、「盍」と似ているために、まれに「なんぞ」と読まれていることがあるが、ここでは文脈にそぐわない。

②「はたして」と読むのは、「**果**」。

③「まさに」と読むのは、「**方・正・適**」、あるいは、再読文字「**将・且・当・応**」の一度めの読み。

④「すなはち」と読むのは、「**則・乃・即・便・輒**」など。

(イ)「**愈**」は、「**いよいよ**」と読み、「いっそう。ますます」の意である。「**逾・兪・弥**」も同じ。

この「いよいよ」や、①の「しばしば」のような、同じ音を繰り返す読み方をする語を「**畳語**《じょうご》」といい、読みの問題の重要語である。

読みの重要語 **畳語**

いよいよ……**逾・愈・兪・弥**（ますます。いっそう）
おのおの……**各**（めいめい。各自）
こもごも……**交・更**（かわるがわる。交互に）
しばしば……**数・屢**（何度も。ひんぱんに）
そもそも……**抑**（さて。ところで）
たまたま……**偶・会・適**（偶然。ちょうどその時）
ますます……**益**（いっそう。いよいよ）
みすみす……**看**（みるみるうちに）

(イの**正解は**②「いよいよ」。

③「かへつて」と読むのは、「**反・却**」。

④「はなはだ」と読むのは、「**甚・太・苦・已・孔**」。

⑤「すこぶる」と読むのは、「**頗**」。

解答 (ア)⑤ (イ)②

問2 語句の意味の問題

「千載」「舟車」で見当をつける！

(1)「**千載之上**」は、「**千載**」が、「千年＝長い年月」のことを表すことがわかっていれば、②の「遠い過去」か、⑤の「はるかな未来」、つまり「長い時間」を表している選択肢に絞ることができる。

そうでなくても、直前までにある「相《あ》ひ去《さ》るの遠《とほ》き」のニュアンスからして、①「地位」の高い低い、③の「積み荷」の重い軽い、④の「書籍」の多い少ないのような文脈でないことはわからなくてはならない。

さて、「過去」か「未来」か？

傍線部の前から読んでいくと、「**千載《せんざい》の下《もと》に居《を》りて之《これ》を千載《せんざい》の上《うへ》に求《もと》むるに**」という**対比**になっている。

「下・上」が何かがポイントなのであるが、「下に居りて」という以上、「下」は、遠い年月（時間）が「上から下へ」流れ着いたところ、つまり「現在」を言っているであろう。

とすると、「上」は、遠い年月をさかのぼった「過去」のことである。

このあとにある、「**舟《ふね》に刻《きざ》みて剣《けん》を求《もと》む**」の故事が、「往者《わうしや》（過去）」に落とした剣を、すでに舟が進んでしまった「今」求めても…、という話であることからも、「現在」の時点から「過去」に求めても…、ということと見なければならない。

(1)の**正解は②**。

---

(2)「**舟 車 之 所㆑湊**」も、「**舟車**」と言う以上、「水陸の交通機関」であると考えが及べば、それが「湊《あつ》まる所《ところ》」なのであるから、③の「水陸の交通の要衝（要《かなめ》ともいうべき大切なところ）」にたどりつけるであろう。

ここも、①「軍勢」、②「荷物」「港」（「湊」は「みなと」と読むが、ここは動詞「あつまる」であり、「舟」だけではなく「車」もある）、④「事故」「難所」、⑤「居住区」などが、いずれもキズである。

(2)の**正解は③**。

解答　(1) ②　(2) ③

問3　**傍線部の内容説明の問題**

内容説明は解釈が前提！

長い傍線部Aは、三つの部分に分けられるが、一つめと二つめの部分は「**対句**」になっている。

聴㆓雷霆於百里之外㆒者、如㆑鼓㆑盆
－　－　＝　－　＝　＝　－　－
望㆓江河於千里之間㆒者、如㆑縈㆑帯

「**於**」は置き字で、「百里《ひやくり》の外《そと》に・」「千里《せんり》の間《かん》に・」の、送り仮名「に」に相当する。

「**者**」も、読んでいないように見えるが、「聴《き》けば」「望《のぞ》めば」の、「ば」の読みの役割をしている。その場合でも、「者」に「ば」という読み仮名はふらないことが多い。

同字異訓 「者」の用法

❶ **もの**……（名詞）人物をさすのでなく、形式名詞のこともある。

❷ **こと**……（形式名詞）

如《キ》レ此《かクノ》**者**《こと》三《タビ》。

❸ **は**……（係助詞）

教化**者**《は》国家之急務也。

※次のような例は、「者」は「**ば**」にあたるが、本来は連用形「ず」＋係助詞「は」で「ずは」だったものが、「ずんば」と濁音化したものである。

不《ンバ》レ殺《サ》**者**為《ラン》二楚《ノ》国《ノ》患《うれヒト》一。

❹ **読まない**……「**昔**（むかし）・**今**（いま）・**古**（いにしへ）・**前**（さきに）」などの時を表す語の下につけて用いる。

昔**者**《むかし》荘子《さうし》行《ク》レ楚《ニ》。

「雷霆《らいてい》を百里《ひやくり》の外《そと》に聴《き》けば、盆《ぼん》を鼓《こ》するがごとく」

ここは、「雷霆（注1＝雷鳴）」のように大きな音でも、百里も遠く離れたところで聞くと、「盆（注2＝酒などを入れる容器。「おぼん」ではない）」を叩《たた》いたくらいの小さな音に聞こえるということである。

「江河《かうが》を千里《せんり》の間《かん》に望《のぞ》めば、帯《おび》を縈《まと》ふがごとき」

「雷霆《らいてい》」の聴覚に対して、こんどは視覚で、言いたいことは同じである。

大河も千里も離れたところで眺めると、身にまとう帯くらいの長さや幅に見えるということである。「江河《かうが》」は、長江と黄河のことであるが、要は「大河」のこと。

最後の部分は、「**其《そ》の相《あ》ひ去《さ》るの遠《とほ》きを以《もつ》てなり**（＝隔たっている距離が遠いからである）」。つまり、遠いところから聞いたり見たりしているからである、ということである。

以上の内容をカバーしている**正解は②**である。

① 聴覚と視覚とは別の感覚なので、「雷霆」は「百里」離れると小さく感じられるようになるが、「江河」は「千里」離れないとそうならないということ。

② 「百里」や「千里」ほども遠くから見聞きしているために、「雷霆」や「江河」のように本来は大きなものも、小さ

く感じられるということ。

③「百里」離れているか「千里」離れているかによって、「雷霆」や「江河」をどのくらい小さく感じるかの程度が違ってくるということ。

④「百里」や「千里」くらい遠い所にいるおかげで、「雷霆」や「江河」のように危険なものも、小さく感じられて怖くなくなるということ。

⑤空の高さと陸の広さとは違うので、「雷霆」は「百里」離れるとかすかにしか聞こえないが、「江河」は「千里」でもまだ少しは見えるということ。

解答 ②

問4 故事を踏まえた、傍線部の理由説明の問題

「豈ニ…ずや」は反語ではなく詠嘆！

傍線部B「**豈《あ》に惑《まど》ひならずや**」そのものは、**詠嘆**で、「なんと愚かなことではないか」という意味である。

【資料】として与えられている「**舟《ふね》に刻《きざ》みて剣《けん》を求《もと》む**」の故事は、「舟で川を渡っていた途中、水中に剣を落とした人が、舟べりに、ここから落ちたという印をつけ、向こう岸に舟がとまってから、それを目印に川に入って剣を探した」という内容の話である。

本文中にも、傍線部Bの直前に、「**今《いま》の求《もと》むる所《ところ》は、往者《わうしや》の失《うしな》ふ所《ところ》に非《あら》ざるも、其《そ》の刻《きざ》みしは此《ここ》に在《あ》り、是《こ》れ従《よ》りて墜《お》つる所《ところ》なりと謂《おも》へり**（＝今剣を探しているところは、先刻剣をなくしたところではないのに、舟べりに刻んだ印はここなのだから、ここが剣の落ちたところだと思っている）」とあり、それが「愚か」だと言っているのである。この点を正しく説明できているのは④である。

ほかの選択肢には、次のようにキズがある。②の微妙さに気をつけたい。**正解は④**。

①剣は水中でどんどん錆《さ》びていくのに、落とした時のままの剣を見つけ出せると決めてかかっているから。

②船がどれくらいの距離を移動したかを調べもせずに、目印を頼りに剣を探し出せると思い込んでいるから。

③大切なのは剣を見つけることなのに、目印のつけ方が正しいかどうかばかりを議論しているから。

④目印にすっかり安心して、船が今停泊している場所と、剣を落とした場所との違いに気づいていないから。

⑤船が動いて場所が変われば、それに応じて新しい目印

をつけるべきなのに、怠けてそれをしなかったから。

重要句法 **疑問・反語型の詠嘆形**

❶ 何ゾA（スル）乎
読 なんゾA（スル）や
訳 なんとAなことよ

❷ 豈ニ不ズレA（セ・ナラ）哉（非レAニ）
読 あニA（セ・ナラ）ずや（あニAニあらズや）
訳 なんとAではないか

❸ 不㆓亦A㆒（セ・ナラ）乎
読 またA（セ・ナラ）ずや
訳 なんとAではないか

解答 ④

問5 返り点の付け方と書き下し文の組合せの問題

選択肢の配分に着眼せよ！

すでに何度もこの形の設問を見てきたように、「**返り点の付け方は無視**」する。あくまで「書き下し文」の正否である。

「**何か句法上のポイントがないか**」であるが、末尾に**再読文字**「**未**」がある。しかし、いずれの選択肢も「いまダ…ず」と読んでいる。

とすると、あとは、書き下し文の「**文意が通っているか**」、さらにそれが「**文脈にあてはまるか**」の判断になる。

「**其地之為名**」の部分には、**2対2対1の配分**がある。

①・③は「其の地の名を為《な》すに」で、「その土地の名をなすにあたって」という意味になる。

②・⑤は「其の地の名為《た》る」で、「その土地が（江戸という）名であるのは」という意味になる。

④は「其の地の名の為《ため》に」で、「その土地の名のために」という意味になるが、この読み方をするためには、語順が「為其地之名」でなければならないので間違いである。

「**訪之於古**」の部分にも、**2対2対1の配分**がある。

①は「之を訪ぬるに古《いにしへ》に於《お》いてするは」で、「これを探すのに昔においてするのは」という意味になる。

②・⑤は「之を古に訪ぬるも」で、「これを昔に探してみても」という意味になる。

③・④は「之きて古に於いて訪ぬるも」で、「行って昔において探しても」という意味になる。

昔に「之《ゆ》く」ことはそもそもできないから、「之」を「ゆく」と読んでいる③・④は間違っている。

「**未之聞**」の部分にも、**2対2対1の配分**がある。

①は「未だ之《ゆ》くを聞かず」で、「まだ行くのを聞いたことが

ない」という意味になる。これも「ゆく」を使うには文脈的に疑問がある。

②・④は「未だ之を聞かず」で、「まだこれを聞いたことがない」という意味になる。

③・⑤は「未だ之《ゆ》かざるを聞く」で、「まだ行かないのを聞く」という意味になる。これも「ゆく」は文脈的におかしいし、この読み方をするには、語順が「聞レ未レ之」でなくてはならない。

よって、三か所をつないで文意が通るのは②である。「その（江戸という）土地の名を、昔（の記録や書物）に探しても、聞いたことがない（＝見つからない）」と言っているのである。

正解は②。

解答 ②

問6 傍線部の理由説明の問題

理由は傍線部の近くにある！

傍線部D「**『遺聞《ゐぶん》』の書《しよ》、由《よ》りて作《つく》る所《ところ》なり**（＝『江関遺聞』をこのような理由で書いたのである）」の、「由《よ》りて（＝このような理由によって）」は、直前の「**吾窃《われひそか》に焉《これ》に感《かん》ずる有《あ》り**（＝私は内心このことに感ずるところがあった）」からである。

何に「感ずるところがあった」のか、それは「**焉《これ》**」の内容であるが、「焉」の指示内容は、前段落の末尾にある。

「**蓋《けだ》し知《し》る、後《のち》の今《いま》に於《お》けるも、世《よ》の相《あ》ひ去《さ》ること愈《いよいよ》遠《とほ》く、事《こと》の相《あ》ひ変《へん》ずること愈《いよいよ》多《おほ》く、其《そ》の聞《き》かんと欲《ほつ》する所《ところ》を求《もと》むるも得《う》べからざること、亦《ま》た猶《な》ほ今《いま》の古《いにしへ》に於《お》けるがごときを**」。

本文の**第一段落**では、雷鳴も遠く離れたところで聞けば盆を叩いたくらいの小さな音になり、大河も遠く離れたところから見れば帯くらいに細く見えるように、「時間」についても、現在の時点で遠い過去のことを知ろうとしても、長い時間が流れ、事物はその間に変化して、わからなくなってしまうということが述べられていた。

第二段落では、現在これほどに繁華な大都市になっている江戸も、過去にはどうだったか、調べてみてもよくわからないことが述べられている。

「現在」から見て「過去」のことがそれほどにあいまいなのだから、現在がいずれ過去になる「未来」から見たら、やはり「現在」のことなど遠くあいまいなものになるのであろう。

「そう考えると、後（未来）と今（現在）についても、時間はいっそう遠く隔たり、（その間に生じる）事物の変化もいっそう多くなって、（未来から振り返って現在の）知りたいと思うことを探ってもわからなくなっているであろうことは、ちょうど今と古(つまり、今、昔のことがわからなくなっているの)と同じであろう」。

それゆえ、この『江関遺聞』(注5＝筆者の著書)に、今の江戸のことを記して、未来の人々に現在のことがわかってもらえるようにしたいと考えて、この書を作ったと言っているのである。

正解は①。

---

① 江戸は大都市だが、昔から繁栄していたわけではなく、同様に、未来の江戸も今とは全く違った姿になっているはずなので、後世の人がそうした違いを越えて、事実を理解するための手助けをしたいと考えたから。

② 江戸は政治的・経済的な中心となっているが、今後も発展を続ける保証はないし、逆にさびれてしまうおそれさえあるので、これからの変化に備えて、今の江戸がどれほど繁栄しているかを記録に残したいと考えたから。

③ 江戸は経済面だけでなく、政治的にも重要な都市となったが、かつてはそうではなかったので、江戸の今と昔とを対比することで、江戸が大都市へと発展してきた過程をよりはっきり示したいと考えたから。

④ 江戸は大都市のうえに変化が激しく、古い情報しか持たずに遠方からやってきた人は、行きたい場所を見つけるにも苦労するので、変化に対応した最新の江戸の情報を提供し、人々の役に立ちたいと考えたから。

⑤ 江戸は大きく発展したが、その一方で昔の江戸の風情が失われてきており、しかもこの傾向は今後いっそう強まりそうなので、昔の江戸の様子を書き記すことで、古い風情を後世まで守り伝えたいと考えたから。

同字異訓 「焉」の用法

❶ **読まない置き字**……文末で**断言**・**強調**の意を添える。(＝**矣**・**也**)

❷ **いづクンゾ**……**疑問**・**反語**を表す。(＝**安**・**寧**・**悪**・**烏**)

❸ **これ・ここ**……指示語。(＝**此**・**之**・**是**・**諸**)
莫シレ大ナルハレ焉ヨリ。

❹ **エン**……他の語の下について状態を表す語を作る。「…**然**」と同じ。「忽焉《こつえん》(＝忽然)」。

解答 ①

8

『篁墩文集《こうとんぶんしゅう》』

別冊（問題）
p.76

解答・配点

問1	(1) ⑤ (2) ③	（各4点 8点）
問2	(ア) ④ (イ) ④	（各4点 8点）
問3	④	（5点）
問4	③	（7点）
問5	④	（7点）
問6	⑤	（7点）
問7	②	（8点）

／50

出典

文章Ⅰ・Ⅱ **程敏政《ていびんせい》『篁墩文集』**巻十一「貍奴論」

明《みん》代の官僚、学者であった、程敏政（一四四五あるいは一四四六～一四九九年）の詩文集。

程敏政は、字《あざな》は克勤《こっきん》、休寧《きゅうねい》（現在の安徽《あんき》省黄山《こうざん》市あたり）の人。幼いころから神童と称されたが、科挙に合格したのちはあまり出世せず、礼部侍郎（祭祀《さいし》・礼楽・貢挙などを統轄した官庁の次官）にとどまった。

書き下し文・通釈

文章Ⅰ

▲書き下し文▼

家《いへ》に一老貍奴《いちらうりど》を蓄《やしな》ふ。将《まさ》に子《こ》を誕《う》まんとす。一女童《いちぢよどう》誤《あやま》りて之《これ》に触《ふ》れ、而《しか》して堕《おと》す。日夕嗚嗚然《につせきををぜん》たり。会《たまたま》両小貍奴《りやうせうりど》を餽《おく》る者《もの》有《あ》り。其《そ》の始《はじ》め、蓋《けだ》し漠然《ばくぜん》として相《あ》ひ能《よ》くせざるなり。老《らう》貍奴《りど》なる者《もの》、従《したが》ひて之《これ》を撫《ぶ》し、徬徨焉《はうくわうえん》たり、躑躅焉《てきちよくえん》たり。臥《ぐわ》すれば則《すなは》ち之《これ》を擁《よう》し、行《ゆ》けば則《すなは》ち之《これ》を翊《たす》く。其《そ》の毿《じよう》を舐《な》めて之《これ》に食《しよく》を譲《ゆづ》る。稍《やうや》く之《これ》に即《つ》き、遂《つひ》に其《そ》の乳《ちち》を承《う》く。両小貍奴《りやうせうりど》なる者《もの》も、亦《ま》た久《ひさ》しくして相《あ》ひ忘《わす》るるなり。是《こ》れより欣然《きんぜん》として以《もつ》て良《まこと》に己《おのれ》の母《はは》なりと為《な》す。老貍奴《らうりど》なる者《もの》も、亦《ま》た居然《きよぜん》として以《もつ》て良《まこと》に己《おのれ》が出《い》だすと為《な》す。吁《ああ》、亦《ま》た異《い》なるかな。

▲通釈▼

家に一匹の年老いた猫を飼っていた。（その猫が）子を産みそうになった。（ところが）一人の召し使いの女が誤って老猫にぶつかってしまったために、流産して（子猫を死なせて）しまった。（子をなくした親猫は）一日中嘆き悲しんで鳴いていた。（その時）たまたま二匹の子猫を贈ってくれた人がいた。（子猫たちは）はじめのうちは、無関心な様子で（老猫に）なつかなかった。老猫のほうは、（子猫たちの）そばに行ってなでさすり、（まわりを）うろうろしたり足踏みしたりして、落ち着かない様子であった。（老猫は、子猫たちが）寝るとこれを抱きかかえ、離れると（ついて行って）これを守ったりした。子猫たちのうぶ毛をなめこれに食べ物を譲って与えた。二匹の子猫の方も、しばらくそうしているうちに（老猫が本当の母親でないことを）忘れてしまった。だんだん老猫になつくようになり、とうとう乳を受け入れ（て飲むようになっ）た。それからは大喜びで（老猫にまとわりついて）実の母親のように思っ（ているようだっ）た。老猫のほうもまたやすらかな様子で、（その二匹の子猫を）自分が産んだ子のように思っ（ているようだっ）た。ああ、なんとすばらしいことよ。

文章Ⅱ

▲書き下し文▼

昔《むかし》、漢《かん》の明徳馬后《めいとくばこう》に子《こ》無《な》し。顕宗他《けんそうた》の人子《じんし》を取《と》り、命《めい》じて之《これ》を養《やしな》はしめて曰《い》はく、「人子何《じんしなん》ぞ必《かなら》ずしも親《みづか》ら生《う》まん（や）。但《た》だ愛《あい》の至《いた》らざるを恨《うら》むのみ」と。后遂《こうつひ》に心《こころ》を尽《つ》くして撫育《ぶいく》し、而《しか》して章帝《しやうてい》も亦《ま》た恩性天至《おんせいてんし》たり。母子《ぼし》の慈孝《じかう》、始終繊芥《しじゆうせんかい》の間《かん》無《な》し。貍奴《りど》の事《こと》、適《まさ》に契《かな》ふ有《あ》り。然《しか》らば則《すなは》ち世《よ》の人親《じんしん》と子《こ》と為《な》りて、不慈不孝《ふじふかう》なる者有《ものあ》るは、豈《あ》に独《ひと》り古人《こじん》に愧《は》づるのみならんや。亦《ま》た此《こ》の異類《いるい》に愧《は》づるのみ。

▲通釈▼

昔、漢の明徳馬后《めいとくばこう》には子供がなかった。（そこで）顕宗《けんそう》はほかの妃《きさき》の子を引き取って、（皇后に）命じてその子の養育を託して言った、「人の子というものは、自分で産んだかどうかが大事なのではない。（育てるにあたっては）ただただ愛情が（その子に）行き届かないことが（あっては）残念なのだ」と。皇后はこうして心を尽くして（その子を）慈しんで育て、（育てられた）章帝《しようてい》もまた親に対する愛情がおのずとそなわってい（る子供として成長し）た。母（の皇后）と子（の章帝）の慈しみと孝心は、終始わずかな隔たりさえもなかった。（あの）猫の（親子の）ことは、ちょうど（このことに）あてはまる。そうであるならば、この世で親と子となって、（親として、子に）慈しみがなかったり、（子として、親に）不孝であったりする者がいるのは、どうしてただ（明徳馬后と章帝のような）古人に恥じるだけであろうか（いや、それだけではない）。（それは）またこの（猫のような）動物にも（及ばないほどの）恥ずべき者（というべき）である。

解説

問1 語（漢字一字）の意味の問題

「適」を「まさニ」と読むのはやや難！

(1)「**承**」は、なかなか老猫になつかなかった二匹の子猫が「稍《やうや》く之《これ》に即《つ》き（＝だんだんと老猫になついて）、遂《つひ》に其《そ》の乳《ちち》を**承《う》く**」という文脈にある。

主語が子猫であるから、①「授けた」、④「差し出した」では立場が逆になる。「承認」とか「承知」といった熟語を連想すると、②「認識した」、③「納得した」が並べられているのもわかるが、文脈的にいずれも「其《そ》の乳《ちち》を…」には続かないであろう。

よって、(1)の**正解は**⑤「**受け入れた**」である。

(2)「**適**」は、「狸奴《りど》の事《こと》、…契《かな》ふ有《あ》り」という文の中にある。「契」には振り仮名があり、「かなフ」と読んでいるが、これはふつうは「かなフ」と訓読みする字ではない。しかし、一般的な「ちぎル（＝約束する）」「きざム」の意を考えてみても意味が通らない。「かなフ」という読みは、「あてはまる。ちょうどよく合う」「思うようになる」「匹敵する。及ぶ」という意味であるから、**【文章Ⅰ】**の老猫と実子でない子猫のことは、明徳馬后と実子でない章帝のことと、同じようで「あてはまる」という意味になると考えられる。
とすると、(2)の**正解は③「ちょうど」**であろう。
傍線部(2)の「適」は、「まさニ」と読むことになるのであるが、「適」が「まさニ」だと判断するのは、難しいレベルである。

同字異訓 「適」の用法

❶ **ゆク**……（カ・四段）赴く。至る。とつぐ。（＝**行・往・之・如・逝・征・徂・于**）
❷ **かなフ**……（ハ・四段）合う。あてはまる。つり合う。思いどおりになる。
❸ **したがフ**……（ハ・四段）合わせる。（＝**従**）
❹ **あフ**……（ハ・四段）会う。出会う。
❺ **まさニ**……（副詞）まさしく。ちょうど。たった今。（＝**正・方**）
❻ **たまたま**……（副詞）偶然。（＝**偶・会**）

「適」の読みは、❶の「ゆク」、❻の「たまたま」が大事であるから覚えておきたい。

解答 (1) ⑤　(2) ③

問2 読み方の同じ字を選ぶ問題

「将」「自」はいずれも重要語！

(ア)「**将**」は、選択肢がすべて**再読文字**である。もちろんこの「将」は再読文字で、「(老貍奴《らうりど》)将《まさ》に子《こ》を誕《う》まんとす」である。
「**将（まさニ…ントす）**」と同じように読むのは「**且**」。
(ア)の**正解は④**である。

重要句法 再読文字「将・且」

将ニレA（セ）ント
(且)
読 まさニA（セ）ントす
訳 いまにもA（し）そうだ
　 いまにもA（し）ようとする

他の再読文字の読みは36ページでまとめて示した。
① 「**当**」は「まさニ…（ス）ベシ」
② 「**盍**」は「なんゾ…（セ）ざル」
③ 「**応**」は「まさニ…（ス）ベシ」
⑤ 「**須**」は「すべかラク…（ス）ベシ」

(イ)「**自**」は、**返読文字**で、「是《こ》れより」の「**より**」。同じ読み方をするのは「**従**」である。

(イ)の**正解は④**。

返読する読み方では、①「**如**」は「…ノ（スルガ）ごとシ」、②「**以**」は「…ヲもつテ」、③「**毎**」は「…（スル）ごとニ」、⑤「**雖**」は「…（ト）いへどモ」である。

解答 (ア)④ (イ)④

問3 助字の用法（読み方と意味）の問題

知識の有無で勝負が決まる！

文末の助字「**矣・也・耳・焉・已**」の用法を問うという、あまりない形の問題であるが、要は、それらの読み方（あるいは置き字として読まないこと）と意味（用いられ方）を問うている、「知識」力の問題である。

(a)「**矣**」は、**【文章Ⅰ】**冒頭の、「将《まさ》に子《こ》を誕《う》まんとす」のあとにある。①・②の前半にあるように「詠嘆」「感動」の「かな」ではなく、これは「**読まない置き字**」である。

「**矣**」は、文末で詠嘆の「**かな**」（＝夫・哉・与など）と読むことはあるが、この位置で詠嘆の意があるのはおかしい。

(b)「**也**」は、①の後半、③の前半にあるように、「**なり**」と読んで、①のように「**断定**」の意を表すことはあるが、③のように「伝聞」に用いることはない。

同字異訓 **「也」の用法**

❶ **なり**……断定の助動詞。
❷ **や・か**……文末で**疑問・反語**を表す。（＝**乎・哉・与・耶・邪・歟**）
❸ **かな・や**……文末で**詠嘆**を表す。（＝**矣・夫・哉**）
❹ **や**……**呼びかけ**（…よ）。**提示**（…は）。
❺ **また**……（…も）また。
❻ **読まない置き字**……（＝**矣・焉**）

(c)「**耳**」は、③の後半、④の前半にある。「**但《た》ダ**」**と呼応**しているので、これは当然、**限定の「のみ」**で、説明としては正しい。

同訓異字 **「のみ」と読む字**

耳・已・爾・而已・而已矣・也已・也已矣

(d)「**焉**」は、④の後半、⑤の前半にある。「適《まさ》に契《かな》ふ有《あ》り」と、文を言い切ったあとにあるので、(a)の「矣」と同様、ここでは「**読まない置き字**」で、**断定・強調**の意を添える。⑤のように、「意志」を表したりはしないので、⑤は間違い。

「焉」は用法の多い字で、79ページに示したように、「**いづクンゾ**（＝**安・寧・悪・烏**）」、「**これ**（＝**之・此・是・諸**）」と読む場合も大事である。

(e)「**已**」は、②の後半、⑤の後半にある。「**のみ**」と読み、「**限定**」の意（ここでは「強調」くらいのほうが適切である）を添えるという説明は、正しい。

同字異訓 「已」の用法

❶ **すでニ**……（副詞）すでに。（＝**既**）
❷ **すでニシテ**……やがて。まもなく。
❸ **やム**……（マ・四）やむ。おわる。（＝**止・休・罷**）
（マ・下二）やめる。おえる。
❹ **のみ**……文末で、**限定**、あるいは**強調・断定**の意を添える。（＝**耳・爾・而已・而已矣・他已・也已矣**）
❺ **はなはダ**……（副詞）とても。非常に。たいそう。（＝**甚・苦・太・孔**）

よって、「耳」「焉」の両方の説明が正しい**④が正解**。

重要句法 読まない「置き字」

❶ **而**《ジ》……**接続助詞**。文中で（直前の）送り仮名の「**テ・デ・シテ・ドモ**」のはたらきをする。「テ・デ・シテ」であれば順接、「ドモ」であれば逆接。
❷ **於**《オ》**・于**《ウ》**・乎**《コ》……文中の**補語の前**に置かれて、補語の送り仮名「**ニ・ト・ヨリ・ヨリモ・ヲ**」などのはたらきをする。
（→29ページ参照）
❸ **矣**《イ》**・焉**《エン》**・也**《ナリ》……文末、あるいは句末で、**断定・強調**の意を添える。
❹ **兮**《ケイ》……詩の中で、**整調**のはたらきをする。

① (a)「矣」は「かな」と読み、詠嘆の意味を添え、(b)「也」は「なり」と読み、断定の意味を添える。
② (a)「矣」は「かな」と読み、感動の意味を添え、(e)「已」は「のみ」と読み、限定の意味を添える。
③ (b)「也」は「なり」と読み、伝聞の意味を添え、(c)「耳」は「のみ」と読み、限定の意味を添える。
④ (c)「耳」は「のみ」と読み、限定の意味を添え、

⑤　(d)「焉」は文末の置き字で、断定の意味を添える。
(d)「焉」は文末の置き字で、意志の意味を添え、
(e)「已」は「のみ」と読み、限定の意味を添える。

解答　④

問4　傍線部の理由説明の問題

キーワードの主体の判断がポイント！

傍線部A「**吁**《ああ》**、亦**《ま》**た異**《い》**なるかな**」には、「**ああ…かな**」の**詠嘆形**がある。読みの問題の対象になることはまれであるが、「ああ」と読む字は多い。

> **同訓異字**　**詠嘆の「ああ」と読む字**
> **嗚呼・嗚乎・噫・嘻・唉・嗟呼・嗟乎・于嗟・嗟于・吁嗟・噫嘻**　など

「**異**」は、実の親子でない老猫と子猫が実の親子のようになったということに対する感嘆であるから、**プラス評価**であり、傍線部は「ああ、なんとすばらしいことよ」、あるいは「ああ、なんと不思議な（珍しい）ことよ」という意味である。

さて、選択肢を見渡してみると、本文中の、「**嗚嗚然**《ををぜん》」「**漠然**《ばくぜん》」「**欣然**《きんぜん》」「**居然**《きょぜん》」の四語に「　」がついていて、これが**キーワード**になっていることがわかる。

この四語の**主体が**、「**老猫**」**か**「**子猫たち**」**か**を見ると、答が出る。この四語にはすべて（注）がついている。

「**嗚嗚然**《ををぜん》**たり**（注2＝嘆き悲しんで鳴くさま）」だったのは、産んだ子猫を亡くした「**老猫**」である。その点、①も④も主体は正しく説明されているが、①のように「子猫たちと出会った時」に「嗚嗚然」だったのではないから、①は間違っている。

「**漠然**《ばくぜん》**として**（注3＝無関心なさま）相《あ》ひ能《よ》くせざる」だったのは、二匹の「**子猫たち**」である。「相《あ》ひ」があるから、「互いに」ととれないこともないが、「（互いに）親子であることを忘れていた」は、そもそも実の親子ではないのだから、②も間違いである。③の前半部は正しい。

「**欣然**《きんぜん》**として**（注6＝よろこぶさま）以《もっ》て良《まこと》に己《おのれ》の母《はは》なりと為《な》す」したのは「**子猫たち**」である。「以て…と為す」は「…と思う」意。①の後半は主体が「老猫」になっているので間違い。③の後半は正しい。

「**居然**《きょぜん》**として**（注7＝やすらかなさま）以《もっ》て良《まこと》に己《おのれ》が出《い》だすと為《な》す」したのは「**老猫**」であるから、「子猫たち」になっている④の前半部は間違い。②の後半は冒頭の「互いに」が主体

となっている時点で間違い。⑤の後半は、「老猫」が主体なのは合っているが、「『居然』たるさまを装いながらも深い悲しみを隠しきれずにいる」にキズがある。

よって、「漠然」＝「子猫たち」、「欣然」＝「子猫たち」と、主体が正しく、説明にキズのないのは③になる。

正解は③。

---

① 子猫たちと出会った時は「嗚嗚然」としていた老猫が、「欣然」と子猫たちと戯れる姿を見せるようになったため。

② 互いに「漠然」として親子であることを忘れていた猫たちが、最後には「居然」と本来の関係をとりもどしたため。

③ 老猫と出会った初めは「漠然」としていた子猫たちが、ついには「欣然」と老猫のことを慕うようになったため。

④ 子猫たちが「居然」として老猫になつき、老猫も「嗚然」たる深い悲しみを乗り越えることができたため。

⑤ 子猫たちが「欣然」と戯れる一方で、老猫は「居然」たるさまを装いながらも深い悲しみを隠しきれずにいるため。

解答 ③

問5 傍線部の解釈の問題

反語の「何ゾ…ン」がポイント！

傍線部Bは、送り仮名が省かれている。

「**人子**」については、直前に、「顕宗他《けんそうた》の人子《じんし》を取《と》り、命《めい》じて之《これ》を養《やしな》はしめて」とあるので、読みは「じんし」で、選択肢がすべて「子というものは」と共通しているので、ここは判断の必要がない。

「**何必親生**」には、「**何ぞ必ずしも…**」と読む形がある。「何ぞ必ずしも…連体形」に読めば疑問形、「何ぞ必ずしも…未然形＋ン」と読めば反語形になるが、ここは、文脈上、反語に解釈したい。

「**親**」は、「おや」と読めなくはないが、その場合でも、「親」は「生（生む）」の主体であるから、①の「親元」、②の「親の思い通り」、⑤の「親の気を」のようにとるのはおかしい。

ここでの「**親**」はちょっと難しいのであるが、「**自**」と同じように「**みづからラ**」と副詞に読む。「親政（＝天子自らが行う政治）」とか、「親書（＝自ら書いた手紙）」などの「親」と同じである。

よって、傍線部は「**人子《じんし》何《なん》ぞ必《かなら》ずしも親《みづか》ら生《う》まん（や）**」と読み、「人の子というものは、どうして必ずしも自分で産む必要があろうか、いや必ずしも自分で産む必要はない（＝自分で産んだかどうかが大事なのではない）」という意味になる。

正解は④。

顕宗が、実子のない明徳馬后に、ほかの妃の生んだ子を養育させようとして言った言葉であるから、文脈にあてはめても正しい。

> **重要句法** **疑問・反語の「何ゾ」**
>
> **何**《ゾ》**A**《（セ）ン》**（乎）**　読 なんゾA（セ）ン（や）
> 訳 どうしてA（する）だろうか、いやA（し）ない　〔**反語**〕
>
> **何**《ゾ》**A**《（スル）》**（乎）**　読 なんゾA（スル）（や）
> 訳 どうしてA（する）のか　〔**疑問**〕
>
> ＊「**何**」は「**胡・奚・曷・庸・何遽**」も同じ。
> ＊文末の「**乎**（**也・哉**など）」は省略されることもある。

解答 ④

問6 傍線部の書き下し文の正否を判断する問題

累加《るいか》の公式に着眼する！

長い傍線部であるが、三つの部分に分けられる。

「**世之為二人親与一レ子**」

ここは、「**与**」がポイントである。

①・④・⑤は、「人親与子」を、「**A与B**（AトBと）」の形で「と」と読んでいる。

②・③は、「与ふ」と読んでいるが、「与」を問うのに、「あたフ」と読むことを求める問題は少ないであろう。

よって、ここは、①・④・⑤と考える。

「**而有二不慈不孝者一**」

ここは、すべての選択肢が、「不慈不孝なる者有るは」と共通しているから、判断の必要がない。

「**豈独愧二于古人一**」

最大のポイントはここである。

選択肢には、**2対3の配分**がある。

①・③・④は、「豈に独り古人のみを愧《は》づかしめんや」。

②・⑤は、「豈に独り古人に愧づるのみならんや」。

であるが、ここには、「**豈独…**」で、「**あニひとリ…ノミナラン**

ヤ」と読む、**累加の公式**があるので、②・⑤である。
②か⑤かであるが、②は文頭部分の「与ふ」で消去してあるから、**正解は⑤**となる。
⑤は、「この世で親と子となって、（親として、子に）慈しみがなかったり、（子として、親に）不孝であったりする者がいるのは、どうしてただ古人に恥じるだけであろうか、いや、古人に恥じるだけではなく、その上動物にも恥じるべきだ」という意味になり、文脈が通る。

重要句法 **累加の公式**

A 「否定＋限定」型の累加形

❶ **不二唯ダ（独リ）Aノミナラ一、B**
読 たダニAノミナラず、B
訳 ただAなだけでなく、（その上）Bだ

❷ **非ズ二唯ダ（独リ）Aノミニ一、B**
読 たダニAノミニあらズ、B
訳 ただAなだけでなく、（その上）Bだ

＊「**たダニ**」は、「**惟・徒**」なども用いる。
＊「たダニ」のかわりに、「**独リ**」を用いることもあるが、意味は同じである。

B 「反語＋限定」型の累加形

❶ **豈ニ唯ダ（独リ）Aノミナランヤ、B**
読 あニたダニAノミナランヤ、B
訳 どうしてただAなだけであろうか、いや、ただAなだけでなく、その上Bだ

❷ **何ゾ独リAノミナランヤ、B**
読 なんゾひとリAノミナランヤ、B
訳 どうしてただAなだけであろうか、いや、ただAなだけでなく、その上Bだ

① 世の人親《じんしん》と子との為にして、不慈不孝なる者有るは、豈に独り古人のみを愧《は》づかしめんや
② 世の人親の子に与ふと為すも、不慈不孝なる者有るは、豈に独り古人に愧づるのみならんや
③ 世の人親の子に与ふるが為に、不慈不孝なる者有るは、豈に独り古人のみを愧づかしめんや

④ 世の人親と子との為にするも、不慈不孝なる者有るは、豈に独り古人のみを愧づかしめんや
⑤ 世の人親と子と為りて、不慈不孝なる者有るは、豈に独り古人に愧づるのみならんや

解答 ⑤

問7 本文全体の趣旨の説明問題

「言いたいこと」は最後にある！

「筆者の考え」「筆者の言いたいこと」は、本文全体の最後に書かれていることが多い。

【文章Ⅰ】で描かれていたのは、猫の話である。

子を亡くした老猫が、もらわれてきた二匹の子猫を、我が子のようにかわいがる。子猫たちは、はじめはなかなかなつかなかったが、やがて老猫になついて乳を飲むようになり、実の親子のようになったという話である。

【文章Ⅱ】は、明徳馬后と章帝の話である。

子がいなかった明徳馬后に、顕宗はほかの妃が生んだ子を育てさせる。皇后は心を尽くして慈しんでその子を育て、子（のちの章帝）も皇后の愛情にこたえるように成長する。その母と子の「慈」「孝」は、終生変わることがなかったという話である。

つまり、**【文章Ⅰ】**の「貍奴の事」と、**【文章Ⅱ】**の「明徳馬后と章帝の事」の話は、ほぼ同じである。

そして、**問6**で見た、傍線部C「**世《よ》の人親《じんしん》と子《こ》と為《な》りて、不《ふ》慈《じ》不孝《ふかう》なる者《もの》有《あ》るは、豈《あ》に独《ひと》り古人《こじん》に愧《は》づるのみならんや**（＝この世で親と子となって、（子に）慈しみがなかったり、（親に）不孝であったりする者がいるのは、どうしてただ古人に恥じるだけであろうか、いや、ただ古人に恥じるだけではない）」である。

この、傍線部Cは、**累加の公式**の「どうしてただAなだけであろうか、いや、（ただAなだけではなくその上、）Bだ」にあたり、「（その上、）Bだ」にあたるのが、傍線部Cのあとの、**【文章Ⅱ】**末尾の一文、「**亦《ま》た此《こ》の異類《いるい》に愧《は》づるのみ**」である。

「**異類**」は、「人間」ではない存在、「鬼神（霊魂・神霊）」や「鳥獣」のことであるが、ここでは、当然**【文章Ⅰ】**の「猫」のことである。つまり、「古人に恥じるだけでなく、その上、この猫の親子のような動物にも恥じるべきだ」ということを言いたいのである。

実の親子でない猫ですら、実の親子のように慈愛深くなるのに、人間が、実の親子でありながら「不慈不孝」な者もあるの

は、情けないことだ、ということを言っているのである。
よって、**正解は②**である。
選択肢をチェックしてみよう。

① 猫の親子でも家族の危機を乗り越え、たくましく生きている。悲嘆のあまり人間本来の姿を見失った親子も、古人が言うように互いの愛情によって立ち直ると信じたいものだ。

② 血のつながらない猫同士でさえ実の親子ほどに強く結ばれることがある。人でありながら互いに愛情を抱きあえない親子がいることは、古人はおろか猫の例にも及ばないほど嘆かわしいものだ。

③ 子猫たちとの心あたたまる交流によっても、ついに老猫の悲しみは癒やされることはなかった。我が子を思う親の愛情は、古人が示したように何にもたとえようがないほど深いものだ。

④ 老猫は子猫たちを憐《あわ》れんで献身的に養育し、子猫たちも心から老猫になつく。その一方で、古人のように素直になれず、愛情がすれ違う昨今の親子を見ると、誠にいたたまれなくなるものだ。

⑤ もらわれてきた子猫でさえ老猫に対して孝心を抱く。これに反して、成長しても肉親の愛情に恩義を感じない子がいることは、古人に顔向けできないほど恥ずかしいものだ。

要は、本文との合致問題であり、正解の②以外は、ほとんどキズだらけである。

解答 ②

8 『篁墩文集』

9

『野鴻詩的《やこうしてき》』・「蛍火《けいか》」

別冊（問題）p.88

解答・配点

問1 (1) ④ (2) ⑤ （各4点 8点）
問2 ⑤ （7点）
問3 ③ （7点）
問4 (i) ④ (ii) ① （各5点 10点）
問5 ③ （4点）
問6 ⑤ （6点）
問7 ④ （8点）

/50

出典

問題文Ⅰ 黄子雲《こうしうん》『**野鴻詩的**』

清《しん》の時代の文人である黄子雲（一六九一～一七五四年）による著。漢詩の作法や、歴史、詩人の評などを記したもの。「野鴻」は、黄子雲の号《ごう》である。

問題文Ⅱ **杜甫《とほ》**「**蛍火**」

杜甫（七一二～七七〇年）は、**盛唐**の詩人。字《あざな》は子美《しび》、号は少陵《しょうりょう》。祖父は初唐の詩人、杜審言《としんげん》（六四五？～七〇八年）である。政治をめざしたが、科挙に失敗し、不遇な生涯を送った。

中国最大の詩人として崇敬され、同時代の**李白《りはく》**（七〇一～七六二年）と並んで「**李杜**」と称され、李白の「**詩仙**」に対して、「**詩聖**」と呼ばれている。

教科書にも、「絶句（江碧《かうみどり》にして鳥逾《とりいよいよ》白《しろ》く…）」や、「春望（国破《くにやぶ》れて山河在《さんがあ》り…）」など、たくさんの作品がとられている。

書き下し文・通釈

問題文Ⅰ

▲書き下し文▼

世《よ》の学《まな》ぶ者《もの》、動《やや》もすれば杜詩《とし》を以《もっ》て難解《なんかい》と為《な》し、肯《あ》へて一《ひと》たびも目《め》を過《とほ》さず。咿哦《いが》する所《ところ》の者《もの》は、宋《そう》・明《みん》に非《あら》ざれば即《すなは》ち晩《ばん》唐《たう》なり。詎《なん》ぞ知《し》らんや、薫染《くんせん》すること既《すで》に深《ふか》く、後杜《のちと》に進《すす》まんと欲《ほっ》すと雖《いへど》も、也《ま》た得《う》べきかを。

説《と》く者《もの》謂《い》ふ、学《まな》ぶ者《もの》は当《まさ》に高《たか》きに登《のぼ》るに卑《ひく》きよりすべくして、躐等《れふとう》すべからずと。此《こ》の言是《げんぜ》に近《ちか》くして非《ひ》なるは、道《みち》に同《おな》じからざる有《あ》るが故《ゆゑ》なり。如《も》し泰山《たいざん》に上《のぼ》るに梁父《りやうほ》よりして登《のぼ》らば、此《こ》れを之《こ》れ卑《ひく》きよりすと謂《い》ふ。若《も》し鳧《ふ》・繹《えき》を歴《へ》て日観《にっくわん》の巓《いただき》に造《いた》らんと冀《ねが》はば、之《これ》を跡《たづ》ぬること愈《いよいよ》労《くる》しく、之《これ》を去《さ》ること愈《いよいよ》遠《とほ》し。

然《しか》らば則《すなは》ち杜《と》を学《まな》ぶ者《もの》は当《まさ》に何如《いか》なるべくんば而《すなは》ち可《か》なるか。余《よ》曰《い》はく、杜《と》の五律《ごりつ》の中浅近《うちせんきん》にして易明《いめい》なる者《もの》、「天河《てんが》」「蛍火《けいくわ》」「初月《しよげつ》」「鷹《たか》を画《えが》く」「端午《たんご》に衣《ころも》を賜《たまは》る」の詠物等《えいぶつとう》の篇《へん》のごときを検《けみ》し、反復尋繹《はんぷくじんえき》せば、心目《しんもく》自《おのづか》ら明《あき》らかにして、門戸《もんこ》にて其《そ》の望見《ばうけん》せざるを患《わづら》はざるなり。此《これ》よりして進《すす》まば、階《かい》を歴《へ》て堂《だう》に升《のぼ》ること、殆《ほとん》ど期《き》有《あ》らん。

▲通釈▼

近ごろの、学問・文芸を修めようとする者たちは、とかく杜甫の詩を難解と考えて、全く目を通そうとしない。(好んで)吟詠する詩は、宋《そう》代・明《みん》代のものでなければ、せいぜい晩唐の詩のものである。(詩を学ぶ者は、宋代・明代の詩や晩唐の詩の)影響をすでに深く受けていて、のちに杜甫の詩を学ぼうとしても、もはやできなくなっていることを知らないのである。

(ある)論者は(こう)言う、(詩を)学ぼうとする者は高い山に登るには、低いところから始めるべきであり、段階を飛び越えようとしてはいけないと。この言葉が正しいことを言っているようで間違っているのは、(高い山に登る)道にも違う道(つまり、同じ低いところから登るといっても違う登り方)があるからである。(たとえば)もし泰山《たいざん》に登ろうとして(その泰山の)麓《ふもと》の梁父《りよう ほ》山から登れば、これを(高い山に登るには)低いところからと言ってよいのである。(しかし)もし(泰山に登ろうとするのに)はるか南の鳧《ふ》山や繹《えき》山から始めて(泰山の)日観《にっかん》峰の頂上までたどり着こうと考えたら、その道を探し求めることはとんでもない苦労で、遠ざかるばかりで(とてもたどり着けないで)あろう。

それならば、杜詩を学ぶ者はいったいどのようであればいいのであろうか。私は(こう)言おう、(それは)杜甫の五言律《ごごんりつ》詩《し》のうちの（内容があまり）深くなく身近な（題材で、表現が）やさしくわかりやすいもの、（例えば）「天河（天の川）」「蛍火（蛍の光）」「初月（新月）」「鷹《たか》を描く」「端午に衣を賜る」などの詠物詩のような作品を繰り返し読んで探究すれば、（いずれ杜詩の高みを理解する）心眼も自然と開けてくるので、入口のところで杜詩は難解でたどり着けないと嘆くことはないのである。こうして学び進んでいけば、（着実に）段階を踏んで上達し、いずれすぐれた境地に達することは、まず期待できるであろう。

問題文Ⅱ

▲書き下し文▼

幸《もと》より腐草《ふさう》に因《よ》り出《い》づ
敢《あ》へて太陽《たいやう》に近《ちか》づきて飛《と》ばんや
未《いま》だ書巻《しよくわん》に臨《のぞ》むに足《た》らざるも
時《とき》に能《よ》く客衣《かくい》に点《てん》ず
風《かぜ》に随《したが》ひて幔《とばり》を隔《へだ》てて小《ちひ》さく
雨《あめ》を帯《お》びて林《はやし》に傍《そ》ひて微《かす》かなり
十月《じふぐわつ》清霜《せいさうおも》重し
飄零《へうれい》して何《いづ》れの処《ところ》にか帰《き》する

解説

問1 語の意味の判断の問題

「是」は「非」との対置に着眼せよ！

(1)「**動**」は、「モスレバ」という送り仮名があることをヒントに「**ややもすれば**」という読み方を思いつけるかである。「ややもすれば」は、辞書的には、「ともすれば。どうかすると」という意味である。最も近いのは、④「とかく」であろうが、「とかく」そのものも「?」と感じるかもしれない。「とかく」には、「とかくの噂《うわさ》がたつ」のような「なにやかや。かれこれ。いろいろ」の意や、「とかくこの世はままならぬ」のような「とにかく。何にせよ」の意もあるが、ここは、「とかく（＝ややもすれば）失敗しがちだ」のような用い方である。

(1)の**正解は④「とかく」**。

①「いきなり」は「**俄**（にはカニ）」か「**忽**（たちまチ）」。②「みだりに」は「**妄**（みだりニ）」。③「いやしくも」は「**苟**（いやシクモ）」。⑤「まれに」は「**稀**（まれニ）」がそれぞれあてはまる。

(2)「**是**」は、「これ」と読むと、①「このこと」に飛びつきそうになるが、ここは、直前の、「説《と》く者《もの》」の「此《こ》の言《げん》」に対して、「是に近《ちか》くして非なるは《ひ》」と言っている文脈に着眼しなければならない。

つまり、「**是**」は「**非**」**と対置**されているのであるから、「非（＝間違っていること）」に対して、「正しいこと」の意でなければならない。「これ」ではなく、「ぜ」である。

(2)の**正解は⑤**「**正しいこと**」。

解答　(1)　④　(2)　⑤

問2　傍線部の解釈の問題

「なんゾ…ンや」は反語形！

傍線部Aには、返り点も送り仮名も付いている。

「**詎**《なん》**ぞ知**《し》**らんや、薫染**《くんせん》**すること既**《すで》**に深**《ふか》**く、後杜**《のちと》**に進**《すす》**まんと欲**《ほっ》**すと雖**《いへど》**も、也**《ま》**た得**《う》**べきかを**」と読む。

冒頭、見なれない「**詎**」という字があるが、「**なんゾ**」と読み方が示されているのだから、「**何・胡・奚・曷・庸**」などと同じことなのだと考えればよい。

さて、いきなり「**詎**《なん》**ぞ知**《し》**らんや**」と読んでいるが、この「どうして知っているだろうか」は、以下の内容全体について、「いや知らないのだ」と言いたいことがポイント。この**反語形**に着眼できれば、即、選択肢の末尾が「知らないのだ」になっているる②・③・⑤に絞ることができるのである。

実は、この傍線部Aは、次のように、

詎 知下薫 染 既 深、後 雖レ欲レ進二乎 杜一、也 可上レ得 **乎**。

と返り点を施して、「**詎**《なん》**ぞ**薫染《くんせん》すること既《すで》に深《ふか》く、後杜《のちと》に進《すす》まんと欲《ほっ》すと雖《いへど》も、也《ま》た得《う》べきかを知《し》ら**んや**」と読んでも同じことになる。

「**なんゾ…**」については、25ページ、88ページでもまとめたが、「**なんゾ…ン（や）」は反語**である。

同訓異字　**「なんゾ」と読む字**

何・胡・奚・曷・庸・那・詎・何遽

＊ほかに「いづクンゾ」と読む「寧・烏」や、再読文字「盍」の一度めの読みも「なんゾ」と読む。

もう一つのポイントは、「**雖（いへどモ）**」である。「**雖**」は、「（たとえ）…であっても。…としても。…とは言っても」と訳す、**逆接仮定条件**を表す語で、ここは、④・⑤の「のちに杜詩を学ぼうとしても」が正しい。

全体が反語形なのは②・③・⑤、「雖」のとらえ方が正しいのは④・⑤であるから、どちらも正しいのは⑤。

正解は⑤。

直訳は、「どうして知っているであろうか（いや、知らないのだ）、（宋代・明代の詩や晩唐の詩の）影響をすでに深く受けてしまっていて、のちに杜甫の詩に進もうとしても、またできるかどうかを」となる。

重要句法　「雖」の用法

❶ **逆接仮定条件**……たとえ…であっても。…としても
…とは言っても

❷ **逆接確定条件**……だけれども。…だが

門ハ雖レモ設ケタリト而常ニ関《とざ》セリ。 訳 門は作ってはあるが、いつも閉ざしてある。

①　詩を学ぶ者は、宋代・明代の詩や晩唐の詩の影響をすでに色濃く受けていることを知っているので、のちに自分から杜詩を学ぼうとはしないのだ。

②　詩を学ぶ者は、宋代・明代の詩や晩唐の詩の影響をすでに色濃く受けてはいても、のちに杜詩を学べばまた得るところがあるのを知らないのだ。

③　詩を学ぶ者は、宋代・明代の詩や晩唐の詩の影響をすでに色濃く受けてしまっているが、のちに杜詩を学ぼうとするのに何の妨げもないことを知らないのだ。

④　詩を学ぶ者は、宋代・明代の詩や晩唐の詩の影響をすでに色濃く受けてしまっていることを知らないので、のちに杜詩を学ぼうとしても、もはや得るところはないのだ。

⑤　詩を学ぶ者は、宋代・明代の詩や晩唐の詩の影響をすでに色濃く受けてしまっているので、のちに杜詩を学ぼうとしても、もはやできなくなっていることを知らないのだ。

解答　⑤

問3　比喩の対象を判断する問題

（注）にあるヒントを見逃すな！

比喩の対象を判断する問題は珍しくはないが、設問に「表」を作ってある形は珍しい。

選択肢が、「**泰山**《たいざん》」「**梁父**《りやうほ》」「**鳧**《ふ》・**繹**《えき》」の組合せでできていることに着眼したい。

この三語には、すべて（**注**）がついている。

（注8）泰山――山東省にある名山。
（注9）梁父――泰山の麓《ふもと》にある低い山。
（注10）梟・繹――梟山と繹山。ともに泰山から見て遥《はる》か南にある低い山。

Ⅰの「**杜詩**（＝杜甫の詩）」が、「世の学ぶ者」が「動《やや》もすれば」「難解《なんかい》」として敬遠し、のちに「進《すす》まんと欲《ほっ》」してもなかなか進めなくなる、「**高い存在**」であることは、比較的わかりやすいであろう。

とすれば、Ⅰの「杜詩」は「**泰山**」であり、Ⅰの段階で、選択肢は③・⑤に絞られる。

Ⅱの「**杜詩の中の『天河』『蛍火』『初月』『画レ鷹』『端午賜レ衣』などの作品**」は、そもそも**杜甫本人の作品**である。

【問題文Ⅰ】の第三段落で、筆者は、「杜《と》を学《まな》ぶ者《もの》（＝杜甫の詩を学ぼうとする者）」は、杜甫の「五律《ごりつ》の中浅近《うちせんきん》にして易明《いめい》なる者《もの》（＝五言律詩のうちの（内容があまり）深くなく身近な（題材で、表現が）やさしくわかりやすいもの）」、つまりそれは「天河」「蛍火」「初月」云々《うんぬん》をさすのであるが、それらから始めればよいと言っている。これは第二段落の、「泰山《たいざん》に上《のぼ》るに梁父《りやうほ》よりして登《のぼ》」る（＝泰山に登るのにその麓の梁父山から登る）に相当するから、これらの杜甫の作品は、**「泰山」の麓の「梁父」**である。

Ⅲの「**宋・明・晩唐の詩**」は、つまり「**杜詩ではないもの**」である。

③のⅢは「**梟・繹**」である。同じ「低い山」とはいえ、これらは、「泰山の麓の低い山」ではなく、「泰山から見てはるか南にある低い山」、つまり、泰山とはまったくかけはなれた別のところにある山であるから、これが適当である。

よって、**正解は③**。

解答 ③

問4 書き下し文と解釈の組合せの問題

「然則」と再読文字「当」がポイント！

(i)の**書き下し文**と、(ii)の**解釈**は、それぞれ単独で配点があるが、同じ傍線部である以上、当然(i)と(ii)の正解は合致しなければならない。

(i)の**書き下し文**であるが、「**然《しか》らば則《すなは》ち杜《と》を学《まな》ぶ者《もの》は**」までは、すべての選択肢が共通している。

ということは、後半の「**当二何如一而可**」に、何かポイントがないかと考えられる。

まず、「**当**」である。

これは、①・⑤のように「あタル」と読むことはあるが、質問の対象になっていれば、**再読文字「まさニ…ベシ」**と考えるべきである。②・③・④が「当に」と読んでいるが、②は「べし」と再読していないので、消去できる。

残るは、③か④か、になる。

重要句法　再読文字「当」

当ニシレ A（ス）

読　まさニA（ス）ベシ

訳　当然A（する）べきだ。Aしなければならない。
きっとA（する）だろう（＝**応**）

もう一つのポイントは「**何如**」である。

これは、「**いかん**（＝どのようであるか）」「**いかなる**（＝どのような）」などと読むが、③のように「何《いづ》れのごとくにす」と読むことはない。

よって、(i)の**正解は④**である。
(i)の正解が④だとわかれば、その読み方どおりの訳し方に近いものを、(ii)の**解釈**の選択肢から探せばよいのであるが、(ii)のほうには、実は大きなポイントがある。
(i)の**書き下し文**の冒頭、「**然則**」は、すべて「**しからばすなはち**」であった。「然らば則ち」は、「そうであるならば。それならば」と訳す、**順接の接続語**である。
よって、「然らば則ち」の段階で、①か③に絞られる。
③は、「どのようなときに」「対処できる」が、(i)の④のように読んだとおりの解釈としてはそぐわない。
(ii)の**正解は①**。

重要語　接続語のいろいろ

❶ **於レ是**（ここニおイテ）……そこで。（＝**乃**テ・**因**《より》テ）
❷ **是以**（ここヲもつテ）……だから。それゆえ。（＝**故**ニ）
❸ **然則**（しかラバすなはチ）……そうであるならば。それならば。
❹ **雖レ然**（しかりトいへどモ）……そうとはいっても。そうだとしても。
❺ **然後**（しかルのちニ）……その後。（…して）はじめて。
❻ **然**（しかレドモ）……しかし。そうではあるが。
❼ **不者**（しからずンバ）……そうでなければ。
❽ **不則・否則**（しからずンバすなはチ）……そうでなければ。
❾ **何則**（なんトナレバすなはチ）……なぜならば。

解答 (i) ④　(ii) ①

問5 詩の中の空欄補充（押韻《おういん》のきまり）の問題

詩中の空欄は「押韻」の問題！

漢詩のきまりについては、すでに何度も触れたが、この空欄補充問題も、空欄 X の「**押韻**」の問題である。

【問題文Ⅱ】の、杜甫の「蛍火」は、**五言律詩**である。五言の詩では、**偶数句の末尾の字が「押韻」**するから、第二句の X 以外の偶数句末を音読みしてみると、

第四句末「**衣**」（イ・i）
第六句末「**微**」（ビ・bi）
第八句末「**帰**」（キ・ki）

となり、「**イ・i**」というひびきでそろっている。

次に、選択肢①〜⑤の字を音読みしてみると、

①「**消**」（ショウ・shou）
②「**光**」（コウ・kou）
③「**飛**」（ヒ・hi）
④「**鳴**」（メイ・mei）
⑤「**死**」（シ・shi）

となるから、答は、③か⑤に絞られる。

蛍が、太陽に向かって「死んでゆく」のはおかしい。ここは、「飛んだりしようか、いや、太陽に向かって飛んでいったりはしない」という反語の文脈が自然である。**正解は③**。

漢詩のきまり　**押韻のきまり**

五言の詩……偶数句末の字が押韻する。
七言の詩……第一句末と偶数句末の字が押韻する。
＊五言でも第一句末も押韻したり、七言でも第一句末が押韻しない例もある。

解答 ③

問6 詩の内容説明と本文の主旨判別の問題

筆者の主張との合致問題！

筆者は、杜甫の詩を学ぶ第一段階として、**問3**で見たように、「**杜《と》の五律《ごりつ》の中《うち》浅近《せんきん》にして易明《いめい》なる者《もの》**（＝杜甫の五言律詩のうちの（内容があまり）深くなく身近な（題材で、表現が）やさしくわかりやすいもの）」から学ぶことを勧め、その例として、この「蛍火」のような詠物詩を挙げている。

選択肢前半は、**「蛍火」の詩の解釈**であるが、詩には現代語

訳がついているから、それとの合致を考えればよい。

選択肢後半は、先に述べた、**本文の主旨の問題**である。長い選択肢であるが、「この詩は……」「そこに……」「このような、身近な題材を用いつつ」「難解な詩を理解する基礎となる」はすべて共通しているから、共通していない部分の可否（キズ）をチェックすればよい。

① この詩は、蛍が人間の幸福になにも寄与しないことを批判的に描写しており、そこに作者の自らへの戒めとする態度が読み取れる。このような、身近な題材を用いつつ表現意図が明確に示された詩を学ぶことが、難解な詩を理解する基礎となる。

② この詩は、蛍が人々にとって身近な存在であることを修辞を凝らして描写しており、そこに作者自身のあこがれも表現されている。このような、身近な題材を用いつつすぐれた技巧が生きている詩を学ぶことが、難解な詩を理解する基礎となる。

③ この詩は、蛍が生まれた所に戻ろうとしない無情なさまを客観的に描写しており、そこに作者の望郷の思いが図らずも浮き彫りにされている。このような、身近な題材を用いつつ叙情性も備えた詩を学ぶことが、難解な詩を理解する基礎となる。

④ この詩は、蛍のか弱い生態を様々な角度から同情的に描写しており、そこに作者自身の消極的な人生態度も自然に吐露されている。このような、身近な題材を用いつつ複雑な情緒を表現している詩を学ぶことが、難解な詩を理解する基礎となる。

⑤ この詩は、蛍の寄る辺なくさまようさまを多様な角度から描写しており、そこに作者自身の旅人としての姿も投影されている。このような、身近な題材を用いつつ平易でかつ内容に奥行きのある詩を学ぶことが、難解な詩を理解する基礎となる。

解答 ⑤

問7 筆者の主張の判断の問題

「此よりして進まば」は、どこからか？

どの選択肢も、末尾の「いずれすぐれた境地に達するときがくるのだ」は共通していて、これは、傍線部Cの「**堂に升《のぼ》ること、殆《ほとん》ど期《き》有《あ》らん**」に相応している。

また、傍線部中の「**階《かい》を歴《へ》て**（**堂《だう》に升《のぼ》る**）」は、段階を経て

上達してゆくことを言っているから、

①「下から一歩ずつ着実に登ることが大切」

③「初歩から一歩ずつ着実に始めれば順調に上達」

④「低いところから着実に進み始めてこそ順調に上達」

⑤「基礎的でわかりやすい内容のものから始めれば順調に上達」

などは合うが、②には合う部分がない。

あとは、傍線部冒頭の、「**此《これ》よりして進《すす》まば**」の「此《これ》より」がどのようなことであるかを、本文全体（とくに第二段落・第三段落）の筆者の主張を踏まえて考え、各選択肢のキズをチェックする。

---

① 山に登る場合、下から一歩ずつ着実に登ることが大切だが、学問・文芸を修めようとする場合も、この原則を守れば高度な作品を避けて始めたとしても順調に上達し、いずれすぐれた境地に達するときがくるのだ。

② 山も登る対象を誤ると高い頂上にたどり着けなくなるので、学問・文芸を修めようとする場合も、人々から注目されている分野を選んで着実に始めれば順調に上達し、いずれすぐれた境地に達するときがくるのだ。

③ 山にもさまざまな高さのものがあるように、学問・文芸を修めようとする場合も、どれを対象として選択してもよく、初歩から一歩ずつ着実に始めれば順調に上達し、いずれすぐれた境地に達するときがくるのだ。

④ 山に登る場合も学問・文芸を修めようとする場合も、選ぶ対象が重要であって、どちらも高い目標を選択して、その低いところから着実に進み始めてこそ順調に上達し、いずれすぐれた境地に達するときがくるのだ。

⑤ 山の頂上にたどり着くにはなるべく安全な道を選ぶべきで、学問・文芸を修めようとする場合も、同様に基礎的でわかりやすい内容のものから始めれば順調に上達し、いずれすぐれた境地に達するときがくるのだ。

---

④の「学問・文芸を修めようとする場合」は、第一段落の、「世《よ》の学《まな》ぶ者《もの》」、第二段落の、「学《まな》ぶ者《もの》は……」等に相応する。「選ぶ対象が重要」は、泰山に登るにも麓の梁父山、杜甫を学ぶにも杜甫の律詩から、ということである。

正解は④。

解答 ④

10

『千百年眼《せんひゃくねんがん》』

別冊（問題）p.100

解答・配点

問1 (a) ④　(b) ①　（各4点　8点）
問2 (ア) ④　(イ) ⑤　（各5点　10点）
問3 A ⑤　B ③　（各6点　12点）
問4 ②　（6点）
問5 ②　（6点）
問6 ③　（8点）

／50

出典

文章Ⅰ・Ⅱ　**張燧《ちょうすい》**『**千百年眼**』巻二

明《みん》の時代の人、張燧による随筆。伝記はよくわかっていないが、日本に渡って、帰化したという説がある。

本文に描かれている、**管仲《かんちゅう》**と**鮑叔《ほうしゅく》**（**鮑叔牙《ほうしゅくが》**）については、**『史記《しき》』**の「管晏列伝《かんあん》」にあり、**「管鮑の交《まじ》わり」**という故事として有名な話である。

管仲と鮑叔は若いころから仲がよく、互いによい理解者であった。二人で商売をしたとき、管仲はもうけの分け前を自分のほうが多く取ったが、鮑叔は管仲の家が貧しいのを知っていたので、責めなかった。また、管仲は三度仕えて三度とも追い出され、戦《いくさ》に出れば逃げたが、鮑叔は、管仲を侮らなかった。管仲は「我を生む者は父母、我を知る者は鮑子なり」と言い、二人の友情は終生変わらなかった。

「水魚《すいぎょ》の交わり」（60・62ページ）、**「刎頸《ふんけい》の交わり」**とともに、堅い友情を表す語となっている。

書き下し文・通釈

文章Ⅰ

▲書き下し文▼

鮑叔《はうしゆく》固《もと》より已《すで》に管仲《くわんちゆう》を微《び》なりし時《とき》に識《し》る。仲斉《ちゆうせい》に相《しやう》たるは、叔之《しゆくこれ》を薦《すす》むればなり。仲既《ちゆうすで》に相《しやう》たりて、内《うち》に政事《せいじ》を修《をさ》め、外《そと》に諸侯《しよこう》を連《つら》ぬ。桓公毎《くわんこうつね》に之《これ》を鮑叔《はうしゆく》に質《ただ》す。鮑叔《はうしゆく》曰《い》はく、「公《こう》は必《かなら》ず夷吾《いご》の言《げん》を行《おこな》へ」と。叔惟《しゆくた》だに仲《ちゆう》を薦《すす》むるのみならず、又能《またよ》く之《これ》を左右《さいう》すること此《か》くのごとし。真《しん》に知己《ちき》なり。

仲疾《ちゆうしつ》に寝《い》ぬるに及《およ》び、桓公詢《くわんこうはか》るに政柄《せいへい》の属《しよく》する所《ところ》を以《もつ》てし、且《か》つ鮑叔《はうしゆく》の人《ひと》と為《な》りを問《と》ふ。対《こた》へて曰《い》はく、「鮑叔《はうしゆく》は君子《くんし》なり。千乗《せんじよう》の国《くに》も、其《そ》の道《みち》を以《もつ》てせざれば、之《これ》を予《あた》ふるも受《う》けざるなり。然《しか》りと雖《いへど》も、其《そ》の人《ひと》と為《な》りは善《ぜん》を好《この》みて悪《あく》を悪《にく》むこと已《はな》甚《はだ》しく、一悪《いちあく》を見《み》れば、終身忘《しゆうしんわす》れず、以《もつ》て政《せい》を為《な》すべからず」と。仲幾《ちゆうほとん》ど叔《しゆく》に負《そむ》かずや。此《こ》れ正《まさ》に鮑叔《はうしゆく》の短《たん》を護《まも》りて鮑叔《はうしゆく》の令名《れいめい》を保《たも》つ所以《ゆゑん》なるを知《し》らざるなり。叔《しゆく》の仲《ちゆう》を知《し》るは世之《よこれ》を知《し》るも、孰《たれ》か仲《ちゆう》の叔《しゆく》を知《し》るの深《ふか》きこと是《か》くのごときを知《し》らんや。

▲通釈▼

鮑叔はもともと管仲を（お互いに）まだ身分の低いときから知っていた。管仲が斉《せい》の国の宰相になったのは、鮑叔が彼を推薦したからである。管仲はやがて宰相になって、内政にも努め、諸国との外交にも力をふるった。（斉の）桓公《かんこう》は常に管仲の施策（の是非）を鮑叔に質問した。鮑叔は言った、「公は必ず夷《い》吾の言うとおりになさいませ」と。鮑叔はただ管仲を（宰相に）推薦しただけでなく、またこのように（見えないところで）うまく管仲を補佐してもいたのである。（鮑叔は管仲にとって）まことの親友であった。

管仲が病の床に臥《ふ》したとき、桓公は（管仲にもしものことがあった場合、次に）政治の実権を誰に任せるかを（管仲に）相談し、その折に鮑叔の性格（＝人柄）について尋ねた。（管仲は）お答えして言った、「鮑叔は君子でございます。兵車千両もの大国（を与えると言って）も、（受けるべき）大義がなければ、与えても受け取ろうとはしないでしょう。しかし、その人柄は善を好んで激しく悪を憎み、一度悪事を見れば、生涯忘れません、（そうした融通のきかなさがあるので）政事を執り行うことはできません」と。（この）管仲（の言）は、ほとんど鮑叔（から受けた恩義）に背いてはいないか。（しかし）これはまさに（管仲が）鮑叔の（政事にかかわることに不向きであるという）短所を（表にあらわさないように）守り、鮑叔の名声を保とうとしたためであることを（世間が）知らないのである。鮑叔が管仲を（よく）理解していたことは（「管鮑の交わり」の故事にもなっているように）世間もよく知っているが、誰が、管仲が鮑叔をこのように深く理解していたことを知っているだろうか。（そのことはあまり世に知られていないと思われる。）

文章Ⅱ

▲書き下し文▼

曹参《そうさん》微《び》なりし時《とき》、蕭何《せうか》と善《よ》し。何《か》の宰相《さいしやう》と為《な》るに及《およ》び、参《さん》と隙《げき》あり。何《か》且《まさ》に死《し》せんとするや賢《けん》を推《お》すに惟《た》だ参《さん》のみ。参《さん》聞《き》きて亦《また》趣《すみ》やかに行《かう》を治《をさ》め、「吾《われ》且《まさ》に入《い》りて相《しやう》たらんとす」と。使者《ししや》果《は》たして参《さん》を召《め》す。参《さん》又《また》其《そ》の後相《ごしやう》を属《しよく》せらるるや、悉《ことごと》く何《か》の約束《やくそく》に遵《したが》ひて、変更《へんかう》する所《ところ》無《な》し。此《こ》の二人《ににん》の事《こと》、管鮑《くわんぱう》と相反《あひはん》するも、実《じつ》は相類《あひるい》す。

▲通釈▼

（のちに前漢の二代めの宰相となった）曹参は（まだ）身分が低かったとき、蕭何《しょうか》と親しかった。（しかし）蕭何が（出世して初代の）宰相になってからは、曹参と仲たがいしていた。（ところが、）蕭何が危篤《きとく》に陥ったときに、賢人として（後任の宰相に）推薦したのは、ただ一人曹参のみだった。（一方）曹参もまた（蕭何の危篤を）聞いて速やかに旅の支度をして（言った）、「私はまもなく朝廷に入って宰相になるだろう」と。使者がはたして（訪れて）曹参を召した。曹参はまた蕭何の後任として宰相を任せられると、ことごとく蕭何の法令に従い、何一つ変更しなかった。この（蕭何と曹参の）二人のことは、管仲と鮑叔の場合とはまるで正反対のようではあるが、（ともにお互いに対する深い理解にもとづくものだった点では）実は同じことだったのである。

解説

問1 語（漢字）の読み方の問題

訓読みできる国語力が大切！

漢字の「読み」の問題ではあるが、「乃（すなはち）」や、「終（つひに）」「固（もとより）」といったような、いわゆる漢文学習上の「読み」の重要語ではない。むしろ、総合的な国語の漢字の力、とくに「**訓読み**」の力の問題である。

(a)「**質**」は、「桓公《くわんこう》毎《つね》に之《これ》を鮑叔《はうしゆく》に…」という文脈にある。「質」の動詞としての訓読みは、④の「**ただス**（サ・四）」しかないから、知っていれば一発ではあるが、このあと、鮑叔が桓公に答えている話の流れからも、「質問（＝問いただす）」したということであろうと推測できよう。むろん、「ただす」という言葉そのものがわかっているかどうかである。

(a)の**正解は**④。

(b)「**負**」は、選択肢から見て動詞であり、未然形の形から否定の「不（ず）」へ返っていると判断できる。

動詞としては、①の「**そむク**（カ・四）」、②の「**まク**（カ・下二）」、③の「**おフ**（ハ・四）」であるが、「まク（＝まける）」では現代語でも最もふつうであり、文脈からも、「勝つ・負ける」の意味はあてはまらない。

管仲が、恩義のあるはずの鮑叔を後任の宰相に推薦しなかったのは、①「**幾《ほとん》ど叔《しゆく》にそむかずや**（＝ほとんど鮑叔の恩に背いてはいないか）」か、③「幾ど叔におはずや（＝ほとんど鮑叔に負うていないか）」か、どちらかであるが、この直後の、「此《こ》れ正《まさ》に…」の「此」は、①でなければ話がつながらない。管仲の行いは、一見、鮑叔の恩義に背いているかのようだが、それは、「実は…だったのだ」という流れである。

(b)の**正解は**①。

解答 (a) ④　(b) ①

問2 語の意味の判断の問題

「柄」「為人」ともに重要単語！

(ア)「**政柄**」の「**柄**」は、箒《はうき》の「柄《え》」のように、「器物の取っ手」「刀のつか」の意から、「もと。根本」「ちから。権力」の意にも用いるが、字義から判断するのは難しい。

ここは、文脈から考える。

管仲は斉の国の宰相であり、「政治の実権」を握っている立場である。その管仲が「疾《しつ》に寝《い》ぬる」状態になって、桓公が、（もしものことがあれば）「政柄」を誰に「属《しよく》する（＝まかせる）」

かを相談しているのであるから、「政柄」は当然「**政治の実権**」である。

(ア)の正解は④。

『韓非子《かんぴし》』を学習した折に、「**二柄《にへい》**」（＝賞と罰を行う権力。君主が臣下を統御するために握っておくべき二つのハンドル）」という語を習っていれば、参考になったかもしれない。

(イ)の「**為レ人（ひととなり）**」は、読みの問題に出ることもある重要単語であるが、読めてしまえば、今日でも、「あの人のひととなりは…」のように、ふつうに用いているから、⑤の「**性格**」とか「**人柄《ひとがら》**」であることは、容易にわかるレベルである。

(イ)の正解は⑤。

解答 (ア)④　(イ)⑤

問3 傍線部の解釈の問題

累加《るいか》の公式の訳し方で絞る！

A「**叔不ニ惟薦一レ仲、又能左ニ右之一如レ此**」

まず、「**惟だに仲《ちゅう》を薦《すす》むるのみならず**」の**累加形**に着眼したい。

この、前半部の選択肢は、**3対2の配分**になっている。

①・③は、「推薦しただけでは心配で」になっているが、直前の、鮑叔の「公《こう》は必《かなら》ず夷吾《いご》（＝管仲）の言《げん》を行《おこな》へ」というきっぱりとした言い方からしても、累加の公式の訳し方からしても、「心配」の要素はない。

累加の公式は、89ページでもまとめた。

> **重要句法　累加の公式**
>
> **不ニ惟《ダニ》A一《ノミナラ》、B**
> **(独《リ》)**
>
> 読 たダニ（ひとり）Aノミナラず、B
>
> 訳 ただAなだけでなく、（その上）B
>
> ＊「**たダニ**」は、「**唯・徒**」なども用いる。

ここは、②・④・⑤「推薦しただけではなく」である。

②・④・⑤の後半のポイントは、「**左右《さいう》す**」の意味と、「**此《か》くのごとし**」のさす内容である。

「**左右《さいう》す**」は、今日の日本語の「左右する（＝影響を与え、思うままに動かすこと）」ではない。漢文の重要語としての「**左右**」は、「**側近。侍臣**」のことで、「**左右す**（サ変）」は、「**助ける。補（輔）佐する**」の意である。

「**此《か》くのごとし**」は、直前部の、桓公が管仲のやり方について「質《ただ》す」たびに、鮑叔が、「公《こう》は必《かなら》ず夷吾《いご》の言《げん》を行《おこな》へ（＝公は必ず管仲の言うとおりになさいませ）」と、管仲を強く支持していることをさす。

しかし、選択肢をよく見てみると、②・④の後半は、主体が「管仲」になっている。累加形なのだから、「その上…」にあたる部分の主体も、冒頭の「叔」でなくてはならない。このキズに気がつけば、答は⑤しかなくなる。

よって、Aの**正解は⑤**。

① 鮑叔は管仲を宰相に推薦しただけでは心配で、このように自らもまた桓公を通じて政治に関与していたのである。

② 鮑叔は管仲を宰相に推薦しただけではなく、このように管仲もまた鮑叔のことを気づかうことができたのである。

③ 鮑叔は管仲を宰相に推薦しただけでは心配で、このように管仲が道を踏みはずさぬように導いてもいたのである。

④ 鮑叔が管仲を宰相に推薦しただけではなく、このように管仲もまた鮑叔と権力をわけあうことができたのである。

⑤ 鮑叔は管仲を宰相に推薦しただけではなく、このように見えないところでうまく管仲を補佐してもいたのである。

B「**不㆑以㆓其道㆒、予㆑之不㆑受也**」

「**其《そ》の道《みち》**」の「**道**」は、「鮑叔《ほうしゅく》は君子」であることから言っても、「人としてふみ行うべき正しい道。道義にはずれない生き方。正義」のような意味である。それからすれば、③の「大義」が最も適当であろう。

また、後半の、「**之《これ》（＝千乗《せんじょう》の国《くに》）を予《あた》ふるも受《う》けざるなり**」の「**も**」に**逆接**のニュアンスがあることから、③の「与えたところで」か、④の「与えても」が適当である。

しかし④は、「主義」が、③の「大義」に比べて弱く、後半の「与えても受け取るすべ（＝方法。手段）を知らない」の部分にもキズがある。

よって、Bの**正解は③**。

解答 A ⑤　B ③

問4 傍線部の理由説明の問題

理由は当人が述べている！

傍線部C「**以《もっ》て政《せい》を為《な》すべからず**」は、「政事を行うことはできません」、あるいは、「政事を行ってはいけません」という意味である。

管仲は、なぜ、鮑叔が政事を行うことができないと言っているのか。

理由は、直前に述べられている。

「其《そ》の人《ひと》と為《な》りは善《ぜん》を好《この》みて悪《あく》を悪《にく》むこと已甚《はなはだ》しく、一悪《いちあく》を見《み》れば、終身《しゅうしん》忘《わす》れず」だからである。

鮑叔は「君子」で、「千乗の国」を与えると言われても、与えられるべき「大義」がなければ受け取らず、「その人柄は、善を好んで悪を憎むことがはなはだしく、一度(誰かの)悪事を見たら、生涯忘れない」ような、ガチガチの「堅い人間」である。

よって、ズバリ、②の「**不正を嫌う**」が正解であろう。

①の「好き嫌いが激し」いは、「善を好みて悪を悪む」こととはニュアンスが異なる。

③の「行動を慎みすぎ」、④の「名誉を求めるのに急」、⑤の「過去にとらわれ」などは、いずれも文中に根拠がない。

②の後半の「融通がさかないから」は、その表現自体が文中にあるわけではないが、「不正を嫌うあまり」、もらっておけばいいものを受け取らなかったり、悪事を見たら生涯忘れ(ず、その人物を許さ)なかったりというところから、合致しているとしてよいであろう。

よいことかどうかは別として、政治の世界というものは、正しければ通るといった世界ではない。権謀術数(=人をあざむくはかりごと)が渦巻いて、ある意味汚濁にまみれた世界である。そこでは、「清濁あわせ呑《の》む(=善・悪のわけへだてをせず、来るがままに受け入れること)」ような、腹の太さが求められる。鮑叔のようなガチガチの「君子」では危ういということを、管仲は言いたいのである。

正解は②。

重要句法　不可能の形

❶ 不レ可カラレAス　読 Aスベカラず　訳 A(することが)できない

❷ 不レ能ハAスル(コト)　読 Aスル(コト)あたハず　訳 A(することが)できない

❸ 不レ得レAスル(コト)ヲ　読 Aスル(コト)ヲえず　訳 A(することが)できない

解答 ②

問5 傍線部から筆者の主張を判断する問題

「是くのごとし」が指示するものは何か？

傍線部D前半部の「**叔《しゅく》の仲《ちゅう》を知《し》るは世之《よこれ》を知《し》るも**」については、①～⑤のすべての選択肢が、「管仲と鮑叔の友情は世によく知られているけれども」と説明されていて、共通している。

「**管鮑の交わり**」は、有名な友情物語であるが、実は、若く貧しかったころからも、管仲を斉の桓公に推薦したころも、ほとんど、鮑叔が管仲を理解し、カバーしてきた話で、管仲が直接鮑叔に何かしてやったという話はない。

しかし、筆者は、「**孰《たれ》か仲《ちゅう》の叔《しゅく》を知《し》るの深《ふか》きこと是《か》くのごときを知《し》らんや**（＝誰が、管仲が鮑叔をこのように深く理解していたことを知っているだろうか）」、つまり、管仲が鮑叔のことをよく理解していたことは、あまり世に知られていないと言っているのである。

この位置にある「**是《か》くのごとし**」の内容は、直前部にある。

傍線部Cの「**以《もっ》て政《せい》を為《な》すべからず**」という、一見、鮑叔から受けた恩義に背いているかのような言葉が、実は、「**正《まさ》に鮑《ほう》叔《しゅく》の短《たん》を護《まも》りて鮑叔《ほうしゅく》の令名《れいめい》を保《たも》つ所以《ゆえん》**」だったということ、つまり、「鮑叔の（君子であるがゆえに政事にかかわることに不向きであるという）短所を（表にあらわさないように）守り、鮑叔の名声を傷つけないようにするためだった」ということである。

よって、**正解は②**である。

選択肢のキズをチェックしよう。

① 管仲と鮑叔の友情は世によく知られているけれども、政治に不向きであるという鮑叔の短所を長所に変えるすべを、管仲が桓公に伝えていたということまでは知られていない。

② 管仲と鮑叔の友情は世によく知られているけれども、鮑叔が不向きな政治にかかわって彼の功績を傷つけることのないよう、管仲が配慮していたことまでは知られていない。

③ 管仲と鮑叔の友情は世によく知られているけれども、千乗の国を治めうるほどの鮑叔の才能を管仲がねたんで、後継者としての鮑叔を推薦しなかったことまでは知られていない。

④ 管仲と鮑叔の友情は世によく知られているけれども、管仲が鮑叔の短所を補って、彼の立場が悪くならないようにつねづね配慮していたということまでは知られていない。

⑤ 管仲と鮑叔の友情は世によく知られているけれども、管仲が鮑叔の長所を熟知したうえで、宰相の選任という国家の大事に適切に対処したことまでは知られていない。

重要句法 **「孰カ…」**

孰カ A（セン）（耶） 読 たれカA（セ）ン（や）
（誰） 訳 だれがAするだろうか、いやだれもAしない〔**反語**〕

＊「**孰カA（スル）や**」であれば**疑問**。
＊「**孰**」は「**いづレカ…**」の用法もある。

解答 ②

問6 内容説明および本文全体の主旨を判断する問題

本文全体の内容との合致問題！

選択肢は、**【文章Ⅱ】**の「**蕭何と曹参**」のことと、**【文章Ⅰ】**の「**管仲と鮑叔**」のことが「**相反《あひはん》するも、実《じつ》は相類《あひるい》す**（＝正反対のようではあるが、実は同じことだ）」という説明になっている。

【文章Ⅱ】は、**蕭何**（注2＝前漢の初代宰相）が、病に臥《ふ》して「且《まさ》に死《し》せんと」した折、後継の宰相に、仲たがいしていた**曹参**を推薦し、曹参もまた、蕭何が自分を指名するだろうと察し、宰相になってからも、蕭何の行ってきたことを一切変更しなかった、という話である。二人の間に、深く理解し合えるものがあったことがわかる。

【文章Ⅰ】は、**管仲**が、**鮑叔**の推薦によって宰相となり、つねに鮑叔から陰ながらの補佐も受けていた恩義がありながら、病に臥して後継者の人選を問われた折に、鮑叔を推薦しなかった。それは、鮑叔が政治に向かないため、鮑叔の名を汚さない管仲の配慮だった、という話である。

よって、「**相反《あひはん》する**」ように見えるのは、
「蕭何」は「曹参」と仲たがいしていたのに宰相に推薦した、という点と、
「管仲」は「鮑叔」に恩義があるのに宰相に推薦しなかった、という点である。

一方、「**相類《あひるい》す**」るのは、
「蕭何」と「曹参」の場合も、「管仲」と「鮑叔」の場合も、互いの特性や能力をよく理解し合っていたという点である。

よって、**正解は③**。

選択肢のキズをチェックしよう。

①【文章Ⅱ】で、曹参が蕭何の死後に対処しようとしたことと、【文章Ⅰ】で、鮑叔が管仲の死後までを考慮していなかったこととは、まるで正反対のようではあるが、ともに友人を心配する気持ちが強かった点では同じであるということ。

②【文章Ⅱ】で、蕭何が曹参に宰相の座を譲ったことと、【文章Ⅰ】で、管仲が宰相の座に執着したこととは、まるで正反対のようではあるが、ともに後継者選びが国家の未来を決定する重大事だと考えた点では同じであるということ。

③【文章Ⅱ】で、蕭何が後継者に曹参を指名したことと、【文章Ⅰ】で、管仲が鮑叔を宰相に推薦しなかったこととは、まるで正反対のようではあるが、ともに親友に対する深い理解に基づくものだった点では同じであるということ。

④【文章Ⅱ】で、曹参と蕭何が仲たがいをしていたことと、【文章Ⅰ】で、管仲が鮑叔から常に恩義を受けていたこととは、まるで正反対のようではあるが、ともに相手への深い友情によるものだった点では同じであるということ。

⑤【文章Ⅱ】で、曹参が蕭何の推薦を得て後継者になれたことと、【文章Ⅰ】で、鮑叔が管仲の後継者になれなかったこととは、まるで正反対のようではあるが、ともに国家の将来にとってよい人事であった点では同じであるということ。

①・②・④・⑤は、いずれも、何と何とが「正反対のようで」あると言っているのかの説明の段階で間違っている。「相類《あひるい》す」る点の説明は、①は「友人を心配する」がキズ。②の「後継者選びが国家の未来を決定する重大事」であることや、⑤の「国家の将来にとってよい人事であった」は、そうではあろうが、本文では全く触れられていない。④の「深い友情によるものだった」は間違っていないが、③の「親友に対する深い理解に基づく」のほうが、より適切である。

解答 ③